Engenharia Econômica e Avaliação de Projetos

EDSON DE OLIVEIRA PAMPLONA
GIANCARLO AQUILA

Engenharia Econômica e Avaliação de Projetos

Freitas Bastos Editora

Direitos exclusivos da edição e distribuição em língua portuguesa:
Maria Augusta Delgado Livraria, Distribuidora e Editora

Direção Editorial: *Isaac D. Abulafia*
Gerência Editorial: *Marisol Soto*
Copidesque: *Tatiana Paiva*
Revisão: *Doralice Daiana da Silva*
Diagramação e Capa: *Julianne P. Costa*

Dados Internacionais de Catalogação na Publicação (CIP) de acordo com ISBD

```
P186e    Pamplona, Edson de Oliveira

         Engenharia Econômica e Avaliação de Projetos /
         Edson de Oliveira Pamplona, Giancarlo Aquila. - Rio
         de Janeiro, RJ : Freitas Bastos, 2025.
         236 p. : 15,5cm x 23cm.

         ISBN: 978-65-5675-453-6

         1. Engenharia econômica. 2. Economia. 3. Finanças.
         4. Avaliação de projetos. I. Aquila, Giancarlo. II.
         Título.
2024-4065                                        CDD 330
                                                 CDU 33
```

Elaborado por Odilio Hilario Moreira Junior - CRB-8/9949

Índices para catálogo sistemático:
1. Economia 330
2. Economia 33

Freitas Bastos Editora
atendimento@freitasbastos.com
www.freitasbastos.com

Edson de Oliveira Pamplona

Doutor em Administração de Empresas pela Fundação Getúlio Vargas (FGV-EAESP), mestre em Engenharia de Produção e Sistemas pela Universidade Federal de Santa Catarina (UFSC), engenheiro eletricista pela Universidade Federal de Itajubá (UNIFEI) e economista pela Faculdade de Ciências Econômicas do Sul de Minas (FACESM). Como professor titular da UNIFEI, atua no Programa de Pós-Graduação em Engenharia de Produção, nos temas de Investimentos e Riscos em Energias Renováveis e Análise de Portfólios. Participou de cursos e consultorias em diversas empresas e instituições, como, por exemplo, Petrobras, Vale, Banco do Brasil, CSN, Usiminas, Cemig, EDP, Eletronorte, Chesf, Energisa, Metrô de São Paulo, CPqD, tribunais de contas de diversos estados, entre outras. É bolsista de Produtividade em Pesquisa do CNPq. Foi Pró-reitor de Extensão da UNIFEI, Diretor do Instituto de Engenharia de Produção e Gestão (IEPG) e do Instituto de Engenharia Mecânica (IEM) e coordenador do MBA da UNIFEI. Foi presidente do Conselho de Administração da Associação de Inovação e Empreendedorismo de Itajubá (INOVAI).

Giancarlo Aquila

Doutor e mestre em Engenharia de Produção pela Universidade Federal de Itajubá (UNIFEI) e graduado em Economia pela Pontifícia Universidade Católica de Campinas (PUC-Campinas). É professor universitário no Centro Estadual de Educação Tecnológica Paula Souza (CEETEPS). Atua na área de economia e finanças, com enfoque na elaboração e avaliação de projetos de investimentos. Já foi bolsista de pós-doutorado pelo CNPq e bolsista de Produtividade em Pesquisa Júnior, junto à Fundação Instituto de Administração (FIA). Também atua em projetos de P&D relacionados com a avaliação de decisões econômicas e financeiras, e como professor voluntário na UNIFEI, atuando como coorientador de alunos na linha de pesquisa em Engenharia Econômica, nos Programas de Pós-Graduação em Engenharia de Produção e Engenharia Elétrica.

Sumário

1 – Conceitos básicos de matemática financeira

1.1 – Definições

A aplicação dos conceitos de matemática financeira tem como um dos principais objetivos a transformação de valores monetários em determinado período, considerando o valor do dinheiro no tempo, por meio da aplicação das taxas de desconto. Neste caso, a principal premissa é que "não se devem somar ou subtrair valores que não estejam nas mesmas datas".

Um diagrama de fluxos de caixa ilustra as movimentações de entradas e saídas de dinheiro durante certo período. O diagrama de fluxos de caixa pode ser representado de forma ilustrada, conforme mostra a Figura 1.1.

Figura 1.1 – Exemplo de diagrama de fluxos de caixa

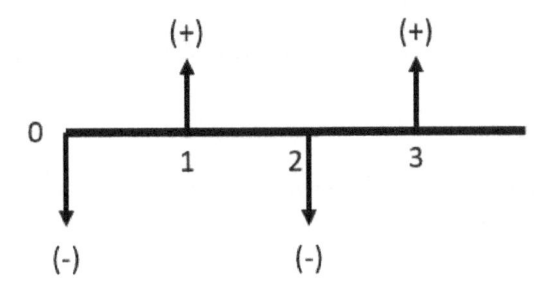

Fonte: Elaborada pelos autores.

Uma clássica definição é que, na matemática financeira, R$ 1,00 na data de hoje não é igual a R$ 1,00 em qualquer outra data futura, visto que o dinheiro se valoriza ao longo do tempo devido à influência da taxa de juros que remunera o capital periodicamente. Conceitualmente, os juros são a remuneração pelo uso do capital, sendo equivalentes a um valor pago pela oportunidade de usufruir um determinado capital durante certo período.

Entre alguns exemplos de remuneração pelo uso do capital, podemos mencionar: o capital aplicado em atividades produtivas; a remuneração paga por instituições financeiras pelo uso do capital aplicado; e o custo do capital emprestado junto a terceiros.

Os conceitos de matemática financeira podem ser aplicados em muitas situações do dia a dia de indivíduos e empresas. Desde o cálculo de taxas de juros ou de prestações de financiamentos até a avaliação de projetos e negócios empresariais.

Neste capítulo, serão vistos os conceitos básicos da matemática financeira que serão adotados nas aplicações de engenharia econômica.

1.2 – Juros simples

No regime de capitalização por juros simples, os juros são sempre calculados em função do valor presente do capital aplicado, também chamado de principal. Assim, podemos descrever o cálculo dos juros, nesse regime, da seguinte forma:

$$J = VP \times i \times n \qquad (1.1)$$

em que: J são os juros; VP é o valor presente; i é a taxa de juros; e n é o número de períodos.

No final do período de capitalização, é obtido um valor futuro, que corresponde à soma do valor presente inicialmente aplicado com os juros, podendo ser descrito por:

$$VF = VP + J$$
$$VF = VP + VP \times i \times n \tag{1.2}$$
$$VF = VP \times (1 + i \times n)$$

em que VF é o valor futuro.

Para compreender a capitalização por juros simples, vamos analisar o seguinte exemplo:

Um investidor coloca R$ 50.000,00 em uma aplicação bancária que rende 15% ao ano, durante 10 anos. Qual será o valor futuro a ser resgatado no final de 10 anos?

No ano 1, VF_1 = 50.000 (1 + 0,15 × 1) = R$ 57.500,00

No ano 2, VF_2 = 50.000 (1 + 0,15 × 2) = R$ 65.000,00

No ano 3, VF_3 = 50.000 (1 + 0,15 × 3) = R$ 72.500,00.

.

.

No ano 10, VF_{10} = 50.000 (1 + 0,15 × 10) = R$ 125.000,00.

Pelos cálculos do valor futuro a cada ano, observa-se que ele é obtido sempre em função do valor presente na data inicial, e, por esse motivo, a relação entre o valor presente e o valor futuro se torna linear.

Podemos resumir graficamente a evolução do valor futuro a cada período, de modo que no eixo x (horizontal) é representado cada período. Assim, o ponto 1 representa o final do 1° ano; o ponto 2, o final do 2° ano; e assim sucessivamente. A partir do exemplo, é possível observar que no regime de juros simples o valor futuro no final de cada período cresce linearmente.

Figura 1.2 – Exemplo de capitalização por juros simples

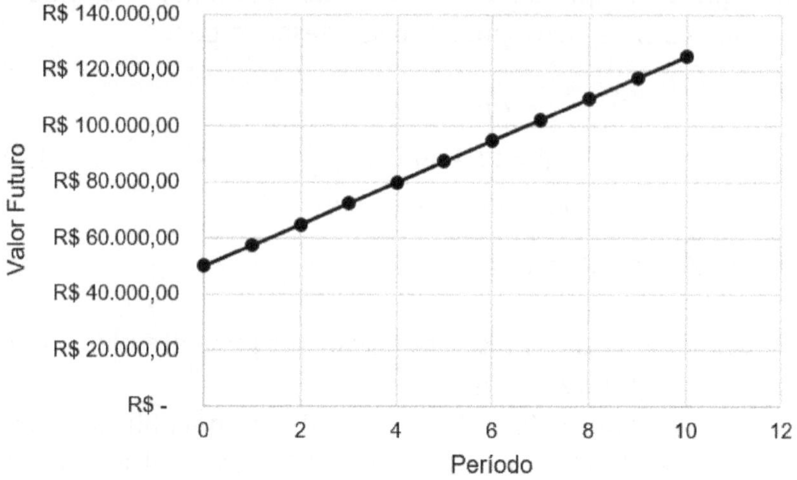

Fonte: Elaborada pelos autores.

1.3 – Juros compostos

No regime de capitalização por juros compostos, ao final de cada período os juros são incorporados sobre o valor do capital que tínhamos no início do período. Ou seja, diferente do que ocorre no regime de juros simples, não teremos apenas os juros que incidem sobre o valor presente, mas também os juros que incidem sobre os juros formados nos períodos anteriores, o que caracteriza o cálculo de "juros sobre juros".

O regime de capitalização por juros compostos é o universalmente aceito, sendo a partir dele que derivam todos os conceitos de matemática financeira. No regime por juros compostos, o cálculo do valor futuro a cada período pode ser deduzido da seguinte forma:

No primeiro período, temos que o valor futuro é igual a:

$$VF_1 = VP + VP \times i = VP \times (1 + i) \tag{1.3}$$

No segundo período, temos que o valor futuro é igual a:

$$VF_2 = VF_1 \times (1 + i) = VP \times (1 + i) \times (1 + i) = VP \times (1 + i)^2 \quad (1.4)$$

No terceiro período, temos que o valor futuro é igual a:

$$VF_3 = VF_2 \times (1 + i) = VP \times (1 + i)^2 \times (1 + i) = VP \times (1 + i)^3 \quad (1.5)$$

Dessa forma, podemos generalizar o cálculo do valor futuro para qualquer número de períodos, a partir da seguinte expressão:

$$VF = VP \times (1 + i)^n \qquad\qquad (1.6)$$

Observa-se que, na capitalização por juros compostos, o valor futuro evolui de maneira exponencial, pois a capitalização sempre ocorre em função do valor futuro estimado no período anterior. Tomando o mesmo exemplo analisado no caso de juros simples, com o valor futuro de um capital aplicado de R\$ 50.000,00, rendendo juros de 15% ao ano durante 10 anos, teremos a seguinte situação:

No ano 1, VF_1 = 50.000 $(1 + 0,15)^1$ = R\$ 57.500,00
No ano 2, VF_2 = 50.000 $(1 + 0,15)^2$ = R\$ 66.125,00
No ano 3, VF_3 = 50.000 $(1 + 0,15)^3$ = R\$ 76.043,75

.

.

No ano 10, VF_{10} = 50.000 $(1+0,15)^{10}$ = R\$ 202.277,89

Podemos ilustrar graficamente a evolução do valor futuro ao longo dos dez anos, sendo que no eixo x (horizontal) temos representado cada período. Novamente, temos que o ponto 1 corresponde o final do 1° ano; o ponto 2 o final, do 2° ano; e assim sucessivamente. A partir do gráfico, observa-se o comportamento exponencial do valor futuro no regime de juros compostos.

Figura 1.3 – Exemplo de capitalização por juros compostos

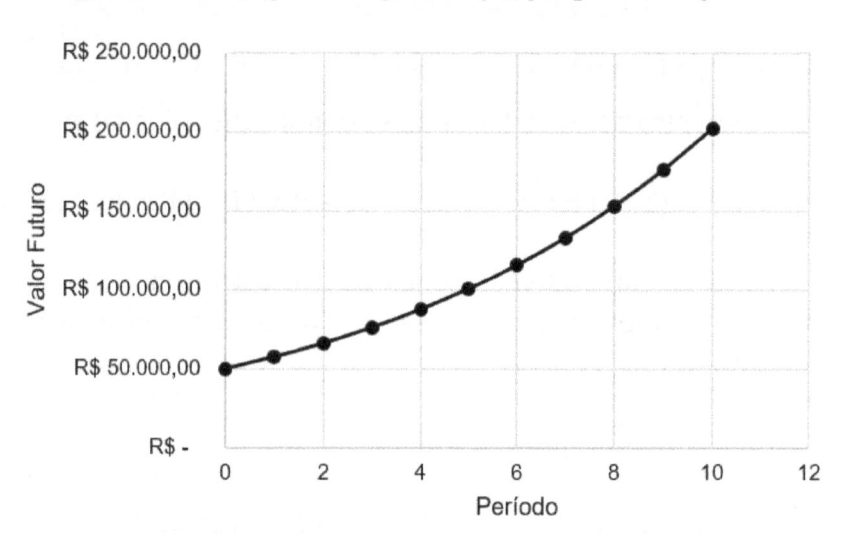

Fonte: Elaborada pelos autores.

1.4 – Relações de equivalência

As relações de equivalência permitem obter fluxos de caixa que são equivalentes no tempo. Nas relações de equivalência, levaremos em consideração apenas o regime de juros compostos, que é o comercialmente mais utilizado e do qual derivam os principais conceitos de matemática financeira.

1.4.1 – Relação de equivalência entre valor presente (VP) e valor futuro (VF)

A primeira relação de equivalência que veremos será entre valor presente e valor futuro, que é representada pela ilustração a seguir:

Figura 1.4 – Relação entre valor presente e valor futuro

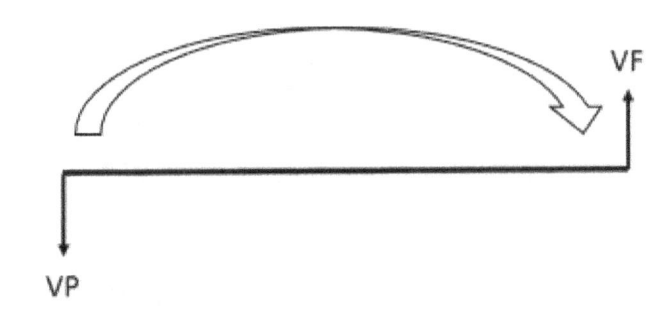

Fonte: Elaborada pelos autores.

Matematicamente, essa relação é descrita pela mesma fórmula ilustrada na Equação 1.6, sendo que a relação inversa, ou seja, entre valor futuro e valor presente, pode ser descrita pelo seguinte cálculo:

$$VP = \frac{VF}{(1 + i)^n} \qquad (1.7)$$

A partir dessa relação de equivalência, é possível encontrar, desde que conhecidas as demais variáveis, os valores da taxa de juros (i) ou do número de períodos (n), além, é claro, do valor presente ou do valor futuro.

Como exemplo simples desta relação podemos calcular o valor que deveria ser investido hoje, a uma taxa de juros de 1% ao mês, para obter uma quantia de R$ 100.000,00 daqui a 20 anos. Lembrando que, como a taxa está expressa em meses, o número de períodos deve ser também mensal. Portanto, na equação, devemos utilizar o período mensal.

Dessa forma, para encontrar o resultado, basta aplicar a fórmula da Equação 1.7, substituindo o VF por R$ 100.000,00; o valor de n por 240 meses (ou seja, 20 anos vezes 12); e a taxa de juros por 1%. Assim, teremos o seguinte cálculo para o valor presente:

$$VP = \frac{100.000,00}{(1 + 0,01)^{240}}$$

O valor a ser investido hoje deveria ser de R$ 9.180,58. É válido destacar que o problema poderia ser facilmente resolvido em uma planilha do MS Excel utilizando a função VP, e inserindo como argumentos da função as seguintes premissas: no argumento "Taxa", o valor de 0,01; em "Per", o valor de 240; e, em "Vf", o valor de 100.000. Dessa forma, também seria encontrado o mesmo resultado obtido por meio da fórmula que relaciona o valor futuro com o valor presente.

A partir dessa relação, também podemos encontrar a taxa de juros, quando tivermos a informação referente ao valor presente, o valor futuro e o número de períodos da capitalização.

Para entendermos melhor, vamos supor o seguinte: um valor presente de R$ 120.000,00 é aplicado durante 10 meses, produzindo um valor futuro a ser resgatado no valor de R$ 153.610,15. A taxa de juros da operação pode ser encontrada por meio da equação abaixo ou, de forma mais prática, calculada pela planilha do MS Excel.

$$153.610,15 = \frac{120.000}{(1 + i)^{10}}$$

Por meio da planilha do MS Excel, podemos selecionar a função Taxa e inserir os seguintes argumentos de cálculo para encontrar a taxa de juros: em "Nper", o valor de 10; em "PGTO", o valor negativo de -120.000; e, em "Vp", o valor de 120.000. Dessa forma, vamos obter o resultado de uma taxa de juros de 2,5% ao mês.

De modo semelhante, também podemos encontrar o número de períodos para uma determinada capitalização. Para esse caso, vamos considerar o seguinte exemplo: suponha que um investidor disponha de R$ 100.000,00 e pretenda fazer uma aplicação que rende 10% ao ano, qual seria o prazo em que ele deveria deixar o capital aplicado para que dobre o seu valor?

Podemos escrever o cálculo desse exemplo da seguinte forma:

$$200.000 = \frac{100.000}{(1 + 0,1)^n}$$

Observe que o cálculo matemático para encontrar o valor de n pode ser resolvido por meio de equações logarítmicas. Entretanto, neste caso, podemos recorrer a uma planilha do MS Excel para realizar os cálculos mais rapidamente. Para tanto, basta selecionar a função "Nper" e inserir os seguintes argumentos: em "Taxa", o valor de 10%; em "Vp", o valor de 100.000; e, em "Vf", o valor de 200.000. Dessa forma, encontraremos o resultado 7,27 anos, que é o prazo no qual o investidor deverá deixar rendendo a sua aplicação, a uma taxa de 10% ao ano, para que ela dobre o seu valor.

1.4.2 – Relação de equivalência entre valor presente (VP) e uma série uniforme de pagamentos (PGTO)

Existem problemas em que o objetivo é encontrar o valor presente a partir do desconto de uma série uniforme de pagamentos (PGTO), com uma taxa de juros (i) por período. Uma série uniforme de pagamentos é caracterizada por uma sequência de fluxos de caixa com o mesmo valor monetário e com períodos iguais.

Figura 1.5 – Relação entre valor presente e série uniforme de pagamentos

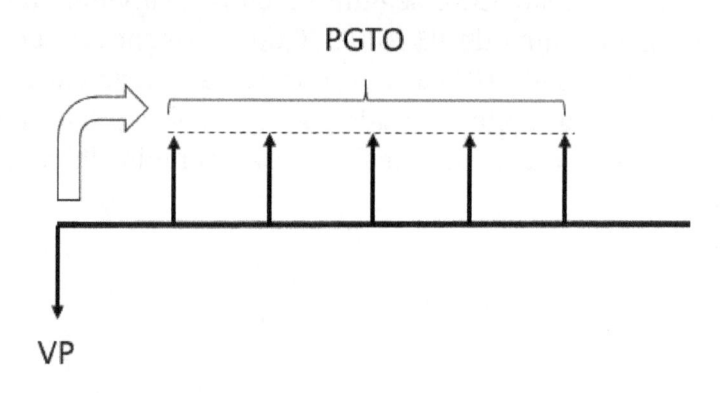

Fonte: Elaborada pelos autores.

Como são séries que apresentam valores iguais, é possível utilizar fórmulas simplificadas para aplicar relações de equivalência com essas parcelas. Por meio da dedução abaixo, é possível encontrar a relação entre os pagamentos e o valor presente.

$$VP = PGTO \times \frac{1}{(1+i)^1} + PGTO \times \frac{1}{(1+i)^2} + PGTO \times \frac{1}{(1+i)^3} + \cdots + PGTO \times \frac{1}{(1+i)^n} \quad (1.8)$$

$$VP = PGTO \times \left[\frac{1}{(1+i)} + \frac{1}{(1+i)^2} + \frac{1}{(1+i)^3} + \cdots + \frac{1}{(1+i)^n} \right] \quad (1.9)$$

em que: PGTO é o pagamento de uma série uniforme de pagamentos.

Observa-se que a Equação 1.9 é caracterizada pela soma dos termos de uma progressão geométrica com razão $\frac{1}{(1+i)}$. Para relembrar, a fórmula da soma de uma progressão geométrica é representada por:

$$S_n = \frac{(a_1 - (a_n q))}{(1 - q)} \tag{1.10}$$

em que S_n é a soma dos n termos; a_1 é o primeiro termo da progressão; a_n é o termo da progressão; e q é a razão da progressão.

Portanto, também conseguimos escrever a relação de equivalência entre uma série uniforme de pagamentos e o valor presente, considerando tanto q quanto o primeiro termo a, como $\dfrac{1}{(1 + i)}$ e o $a_n \dfrac{1}{(1 + i)^n}$ por:

$$VP = PGTO \times \left[\frac{(1 + i)^n - 1}{(1 + i)^n \times i}\right] \tag{1.11}$$

De maneira inversa, também podemos escrever a relação de equivalência entre o valor presente e as séries uniformes de pagamento da seguinte forma:

$$PGTO = VP \times \left[\frac{(1 + i)^n \times i}{(1 + i)^n - 1}\right] \tag{1.12}$$

Essa relação é utilizada com frequência no cálculo de prestações e de taxas de juros de financiamentos.

Para um melhor entendimento, vamos considerar como exemplo que a prestação mensal de um financiamento tem o valor de R$ 70.000,00, sendo contratado a uma taxa de juros de 1,5% ao mês para ser pago durante o período de 10 meses. Podemos encontrar o valor das prestações, caracterizadas por uma série uniforme de pagamentos, da seguinte forma:

$$PGTO = 70.000 \times \left[\frac{(1 + 0,015)^{10} \times 0,015}{(1 + 0,015)^{10} - 1} \right]$$

PGTO = R$ 7.590,39

Também poderíamos encontrar o mesmo resultado, realizando os procedimentos de cálculo a partir de uma planilha do MS Excel. Neste caso, utiliza-se a função PGTO, com inserção dos seguintes argumentos da função: em "Taxa", o valor de 0,015; em "Per", o valor de 10; e, em "VP", o valor de 70.000.

Podemos fazer uso da mesma equação para calcular a taxa de juros de um financiamento. Com base nos dados do valor a ser financiado, da prestação e do número de pagamentos, basta calcular a taxa que iguala o valor financiado aos pagamentos descontados à data da liberação do financiamento.

Para um melhor entendimento, vamos considerar como exemplo um valor financiado de R$ 50.000,00, que será pago em 10 prestações de R$ 5.500,00. Observe no cálculo abaixo, que se torna matematicamente complexo encontrar o valor da taxa, sendo que nesse caso a resolução pela planilha do MS Excel permite encontrar a solução de forma mais rápida.

$$50.000 = 5.500 \times \left[\frac{(1 + i)^{10} \times i}{(1 + i)^{10} - 1} \right]$$

Pela planilha do MS Excel, basta selecionar a função taxa e inserir os seguintes argumentos: em "Nper", o valor de 10; em "PGTO", o valor negativo de -5.500; em "Vf", o de 50.000. Dessa forma, encontraremos o resultado de 1,77% ao mês para a taxa de juros.

De forma manual, podemos encontrar o resultado próximo desse valor elaborando o gráfico que relaciona a taxa de juros com o resultado do valor presente, por meio da função PGTO.

Nesse caso, teremos no eixo x (horizontal) os valores de taxa de juros, e no eixo y (vertical) o resultado do valor presente (Figura 1.6).

Figura 1.6 - Valor presente em função da taxa de juros

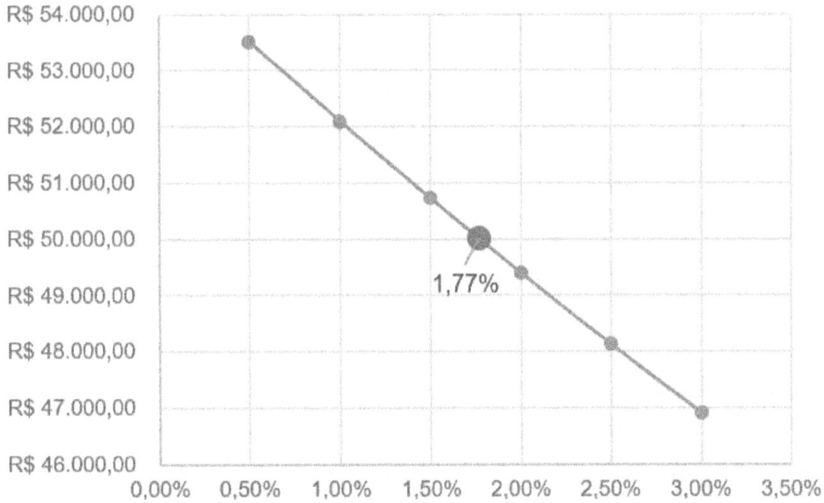

Fonte: Elaborada pelos autores.

1.4.3 – Relação de equivalência entre uma série uniforme de pagamentos (PGTO) e o valor futuro (VF)

A relação entre as séries uniformes de pagamento e o valor futuro ao final de n períodos pode ser representada a partir da capitalização de n prestações de uma série uniforme de pagamento, descontada ao valor futuro por uma taxa de desconto i. Esta relação de equivalência pode ser demonstrada por:

$$VF = PGTO + PGTO \times (1 + i) + PGTO \times (1 + i)^2 + \ldots + PGTO \times (1 + i)^{n-1} \tag{1.13}$$

Observe que, neste caso, também temos uma soma de uma progressão geométrica, mas com razão e o primeiro termo sendo $(1 + i)$, e os n-ésimos termos sendo $(1 + i)^n$. Assim, podemos reescrever a Equação 1.14 da seguinte forma:

$$VF = PGTO \times \left[\frac{(1 + i)^n - 1}{i}\right] \qquad (1.14)$$

A partir dessa relação, também podemos deduzir a relação de equivalência de uma série uniforme de pagamento em função do valor futuro:

$$PGTO = VF \times \left[\frac{i}{(1 + i)^n - 1}\right] \qquad (1.15)$$

Para entendermos melhor essa relação de equivalência, vamos tomar como exemplo uma série de pagamentos mensais de R$ 1.000,00 durante 5 anos (60 meses) a uma taxa de 0,8% ao mês. Dessa forma, podemos calcular o valor futuro por:

$$VF = 1.000 \times \left[\frac{(1 + 0,008)^{60} - 1}{0,008}\right]$$

$$VF = R\$ 76.623,87$$

Esse valor poderia ser, por exemplo, o saldo esperado ao final de 5 anos de uma aplicação mensal de R$ 1.000,00 realizada por um aluno de faculdade para pagar sua parte em uma festa de formatura. Vale destacar que, em uma planilha do MS Excel, poderíamos encontrar esse resultado a partir da função VF, inserindo os seguintes argumentos: em "Taxa", o valor de 0,8%; em "Nper", o valor de 60; e, em "PGTO", o valor de 1.000.

Agora vamos analisar a relação inversa, ou seja, o cálculo de um pagamento uniforme a partir de um valor futuro. Para tanto, vamos supor que um investidor queira obter R$ 70.000,00 ao final de 5 anos (60 meses) e, para isso, deve realizar depósitos mensais que irão render a uma taxa de 1% ao mês. Qual deveria ser o valor dos depósitos mensais nesse caso?

Podemos calcular o valor dos depósitos mensais da seguinte forma:

$$PGTO = 70.000 \times \left[\frac{0,01}{(1 + 0,01)^{60} - 1} \right]$$

$$PGTO = R\$ 857,11$$

O investimento mensal de R$ 857,11 em cada um dos 60 meses a uma taxa de 1% ao mês resulta em um valor capitalizado de R$ 70.000,00 ao final do período de 5 anos. Para esse exemplo, também poderíamos encontrar o resultado de R$ 857,11, calculando o PGTO por meio de uma planilha do MS Excel. Nesse caso, basta selecionar a função PGTO e inserir os seguintes argumentos: em "Taxa", o valor de 1%; em "Nper", o valor de 60; e, em "Vf", o valor de 70.000.

1.5 – Séries antecipadas e séries infinitas

Existem dois tipos de séries uniformes de pagamento em que se deve ter uma atenção especial. A primeira são as séries uniformes de pagamento antecipadas, em que o pagamento da primeira parcela ocorre na data zero, conforme ilustrado na Figura 1.7.

Figura 1.7 — Exemplo de série uniforme de pagamento antecipada

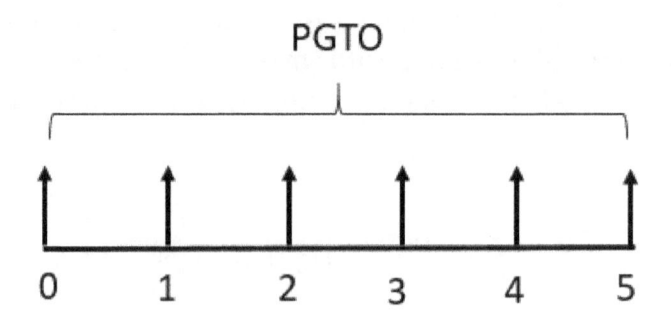

Fonte: Elaborada pelos autores.

Nesse caso, escrevemos o cálculo do VP da série uniforme de pagamento por:

$$VP = PGTO \times \left[\frac{(1+i)^n - 1}{(1+i)^{n-1} \times i} \right] \qquad (1.16)$$

Por sua vez, o cálculo do PGTO pode ser descrito pela equação 1.16:

$$PGTO = VP \times \left[\frac{(1+i)^{n-1} x\, i}{(1+i)^n - 1} \right] \qquad (1.17)$$

Para entendermos melhor este caso, vamos supor como exemplo um financiamento no valor de R$ 70.000,00, contratado a uma taxa de juros de 1,5% ao mês para ser pago durante 10 meses, sendo que as prestações devem ser pagas no início do mês, e não no final do mês, como em exemplos anteriores. O valor da prestação pode ser calculado com a Equação 1.16:

$$PGTO = VP \times \left[\frac{(1 + 0,015)^9 x\ 0,015}{(1 + 0,015)^{10} - 1} \right]$$

Realizando o cálculo, é possível encontrar que o valor da prestação seria de R$ 7.478,22. É importante ressaltar que, nesse caso, o procedimento de cálculo também pode ser realizado por meio de uma planilha do MS Excel. Para tanto, deve ser selecionada a função PGTO e, em seguida, ser inserido os seguintes argumentos: em "Taxa", o valor de 1,5%; em "Nper", o valor de 10; em "Vp", o valor de 70.000; também deve ser inserido em "Tipo" o valor de 1, para caracterizar que se trata de uma série uniforme de pagamentos antecipada.

Por sua vez, no caso da relação de equivalência entre o valor futuro e uma série uniforme de pagamento antecipada, o cálculo é dado por:

$$PGTO = VF \times \left[\frac{i}{(1 + i)^n - 1} \right] \times \left[\frac{1}{(1 + i)} \right] \qquad (1.18)$$

Para analisar a relação neste caso, vamos supor como exemplo que um investidor pretende ter daqui a 5 anos o valor de R$ 700.000,00 para adquirir um imóvel, quanto ele deveria depositar anualmente em uma carteira que rende 8% ao ano, sendo que o primeiro depósito deve ser feito hoje?

Para encontrar o valor dos depósitos anuais, deve ser feito o seguinte cálculo:

$$PGTO = 700.000 \times \left[\frac{0,08}{(1 + 0,08)^5 - 1} \right] \times \left[\frac{1}{(1 + 0,08)} \right]$$

A partir do cálculo, encontramos que os depósitos anuais devem ser de R$ 110.481,04. Este resultado também pode ser encontrado, efetuando os cálculos por meio de uma planilha do

MS Excel. Neste caso, também é utilizada a função PGTO, inserindo como argumentos: em "Taxa", o valor de 8%; em "Nper", o valor de 5; em "Vf", o valor de 700.000; e, em "Tipo", o valor de 1, para caracterizar que se trata de uma série uniforme de pagamentos antecipada.

No caso das séries infinitas, a característica principal é ter um grande número de períodos. Quanto mais longo for o número de períodos, menor será a relevância do valor presente do fluxo de caixa do último período. Dessa forma, se n tiver uma tendência ao infinito, o valor presente dos fluxos de caixa futuros nos períodos que estão no longo prazo tenderá a zero. Matematicamente, podemos descrever o desdobramento de uma série uniforme de pagamento infinita da seguinte forma:

$$VP = PGTO \times \lim_{n \to \infty} \left[\frac{(1+i)^n}{(1+i)^n \times i} - \frac{1}{(1+i)^n \times i} \right] \qquad (1.19)$$

Desenvolvendo a Equação 1.19, chegamos à seguinte fórmula:

$$VP = PGTO \times \frac{1}{i} \qquad (1.20)$$

Para exemplificar o cálculo do valor presente, a partir de uma série uniforme de pagamento infinita, considere o cálculo do valor presente de um terreno cujo aluguel líquido mensal seja de R$ 24.000,00 e que tenha um contrato de locação com prazo indeterminado, de tal forma que possamos considerar um período tão longo que seria considerado infinito. Supondo a taxa de 0,6% ao mês, o valor presente dos aluguéis seria de:

$$VP = 24.000 \times \frac{1}{0,006}$$

Por meio do cálculo, encontra-se o valor presente de R$ 4.000.000,00 para a série uniforme de pagamento infinita. Mais adiante, veremos que o valor de um negócio poderá ser calculado pelo valor presente dos fluxos de caixa futuros desse negócio a uma taxa adequada de descontos.

1.6 – Relações com séries com gradientes aritméticos e geométricos

Uma série com gradiente é variável em progressão aritmética ou geométrica, podendo ser crescente ou decrescente. No caso das séries com gradientes aritméticos, a principal característica é uma sequência de fluxos de caixa, em que cada fluxo é igual ao anterior com um acréscimo ou decréscimo igual a um valor constante de gradiente (G), que se caracteriza como uma variação constante. Nas Figuras 1.8 e 1.9 são exemplificadas as séries com gradientes aritméticos crescentes e decrescentes.

Figura 1.8 – Exemplo de série com gradiente aritmético crescente

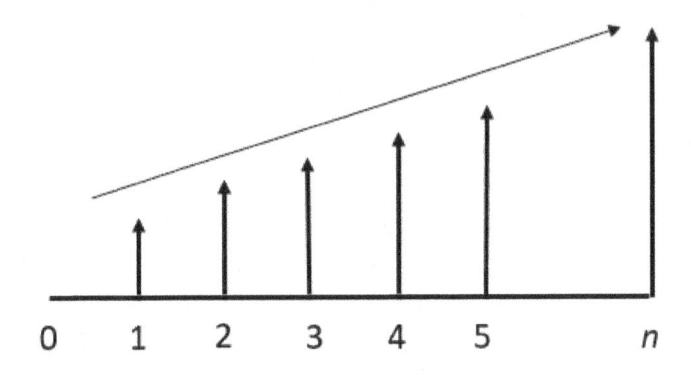

Fonte: Elaborada pelos autores.

Figura 1.9 – Exemplo de série com gradiente aritmético decrescente

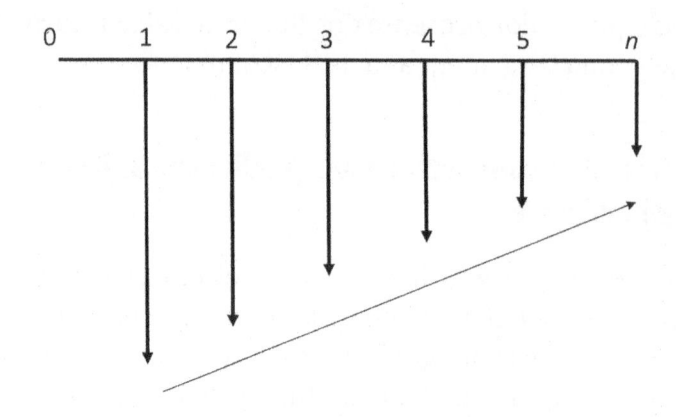

Fonte: Elaborada pelos autores.

As expressões abaixo relacionam a relação de equivalência entre as séries de pagamento com gradiente aritmético crescente e decrescente, respectivamente.

$$VP = PGTO \times \left[\frac{1-(1+i)^{-n}}{i}\right] + \frac{G}{i} \times \left[\frac{1-(1+i)^{-n}}{i} - \frac{n}{(1+i)^n}\right] \quad (1.21)$$

$$VP = PGTO \times \left[\frac{1-(1+i)^{-n}}{i}\right] - \frac{G}{i} \times \left[\frac{1-(1+i)^{-n}}{i} - \frac{n}{(1+i)^n}\right] \quad (1.22)$$

em que G é o valor do gradiente aritmético.

Inicialmente, vamos analisar um exemplo de um financiamento com uma série com gradiente aritmético crescente. No diagrama da Figura 1.10, temos uma série uniforme de pagamento de R$ 100,00 com um gradiente aritmético de R$ 100,00. O prazo de pagamento é de 5 anos, e a taxa de juros, de 5% ao ano. Assim, deve-se encontrar o valor presente do valor financiado.

Figura 1.10 – Exemplo sobre gradiente aritmético crescente

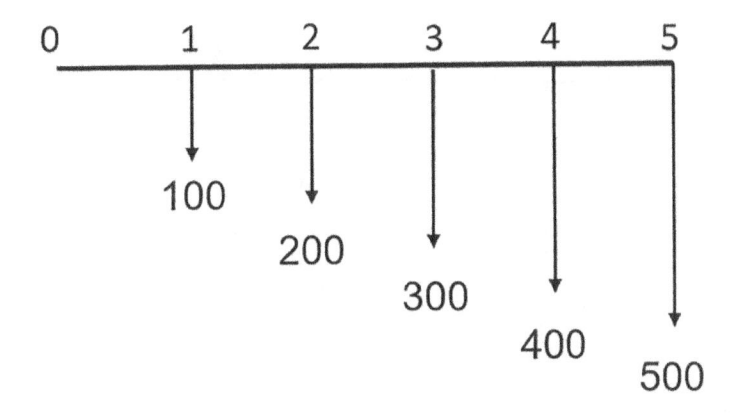

Fonte: Elaborada pelos autores.

Dessa forma, teremos o seguinte cálculo para o valor presente da série uniforme de pagamento com a gradiente aritmético crescente:

$$VP = 100 \times \left[\frac{1 - (1 + 0,05)^{-5}}{0,05}\right] + \frac{100}{0,05} \times \left[\frac{1 - (1 + 0,05)^{-5}}{0,05} - \frac{5}{(1 + 0,05)^5}\right]$$

Pelo cálculo, encontra-se o valor presente de R$ 1.256,64.

Para o caso de uma série uniforme de pagamento com gradiente aritmético decrescente, vamos considerar o seguinte financiamento com o fluxo de caixa ilustrado abaixo.

Figura 1.11 – Exemplo sobre gradiente aritmético decrescente

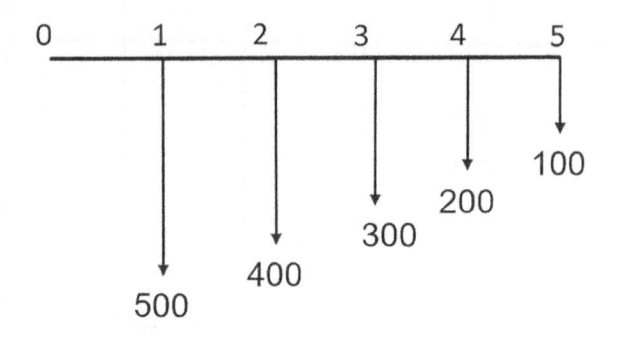

Fonte: Elaborada pelos autores.

Neste exemplo, temos uma série uniforme de pagamento de R$ 500,00 com gradiente aritmético decrescente no valor de R$ 100,00. Vamos supor que o prazo de pagamento também seja de 5 anos, e a taxa de juros, de 5% ao ano. Assim, encontra-se o valor presente a partir do seguinte cálculo:

$$VP = 500 \times \left[\frac{1-(1+0,05)^{-5}}{0,05}\right] - \frac{100}{0,05} \times \left[\frac{1-(1+0,05)^{-5}}{0,05} - \frac{5}{(1+i)^5}\right]$$

Pelo cálculo, encontra-se o valor presente de R$ 1.341,05.

Também é possível obter a relação de equivalência entre uma série com gradiente aritmético e o valor futuro, a partir das seguintes expressões:

$$VF = PGTO \times \left[\frac{(1+i)^n-1}{i}\right] + \frac{G}{i} \times \left[\frac{(1+i)^n-1}{i} - n\right] \qquad (1.23)$$

$$VF = PGTO \times \left[\frac{(1+i)^n - 1}{i}\right] - \frac{G}{i} \times \left[\frac{(1+i)^n - 1}{i} - n\right] \quad (1.24)$$

Neste caso, vamos considerar os mesmos exemplos vistos anteriormente. Só que agora, em vez de calcular o valor presente, será calculado o valor futuro do fluxo de caixa da série uniforme de pagamento com gradiente aritmético crescente e, em seguida, o valor futuro do fluxo de caixa da série uniforme de pagamento com gradiente aritmético decrescente.

Na situação em que é ilustrada a série uniforme de pagamento com gradiente aritmético crescente, temos uma série uniforme de pagamento de R$ 100,00, cujo gradiente aritmético também é de R$ 100,00, e iremos calcular seu valor futuro, considerando o prazo de 5 anos, rendendo a uma taxa de 5% ao ano.

$$VF = 100 \times \left[\frac{(1+0,05)^5 - 1}{0,05}\right] + \frac{100}{0,05} \times \left[\frac{(1+0,05)^5 - 1}{0,05} - 5\right]$$

A partir do cálculo, encontra-se que, ao final de 5 anos, o valor futuro será de R$ 1.603,83.

No caso da série uniforme de pagamento com gradiente aritmético decrescente, teremos uma série uniforme de pagamento no valor de R$ 500,00 com gradiente aritmético de R$ 100,00. Considerando o mesmo prazo de 5 anos e a taxa de juros de 5% ao ano, teremos o seguinte cálculo para o valor futuro:

$$VF = 500 \times \left[\frac{(1+0,05)^5 - 1}{0,05}\right] - \frac{100}{0,05} \times \left[\frac{(1+0,05)^n - 1}{0,05} - 5\right]$$

Neste caso, a partir do cálculo, encontra-se que, ao final de 5 anos, o valor futuro será de R$ 1.711,55.

Por sua vez, nos fluxos de caixa caracterizados por séries com gradiente geométrico, o valor do fluxo de caixa de cada período é igual ao anterior incrementado ou reduzido por um percentual fixo, que representa o gradiente geométrico (G).

No caso de variação positiva, o gradiente geométrico é crescente; já no caso de variação negativa, ele é decrescente. Nas Figuras 1.12 e 1.13 são ilustrados os fluxos de caixa com séries com gradientes geométricos crescente e decrescente, respectivamente.

Figura 1.12 – Exemplo de série com gradiente geométrico crescente

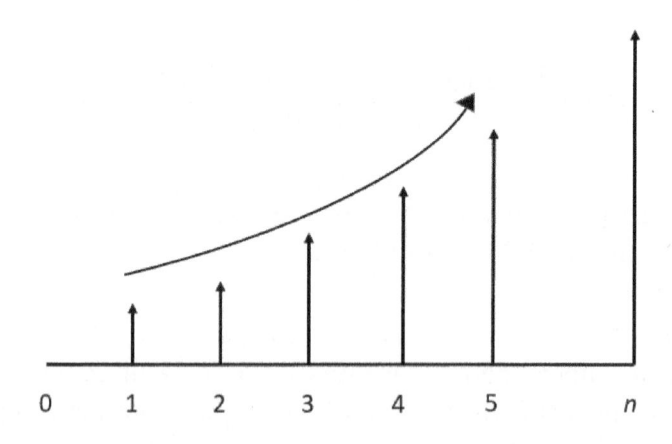

Fonte: Elaborada pelos autores.

Figura 1.13 – Exemplo de série com gradiente geométrico decrescente

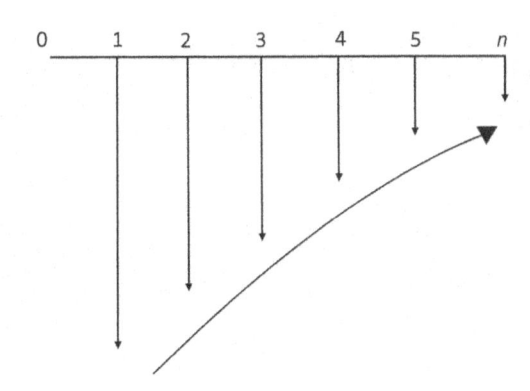

Fonte: Elaborada pelos autores.

As relações de equivalência entre as séries com gradientes geométricos crescente e decrescente podem ser expressas, respectivamente, da seguinte forma:

$$VP = \left[\frac{PGTO[1 - (1 + G)^n(1 + i)^{-n}]}{i - G} \right] \qquad (1.25)$$

$$VP = \left[\frac{PGTO[1 - (1 - G)^n(1 + i)^{-n}]}{i + G} \right] \qquad (1.26)$$

em que G é o valor do gradiente geométrico.

Para melhor compreensão, vamos analisar o cálculo do valor presente de uma série uniforme de pagamento com gradiente geométrico crescente, a partir do seguinte exemplo: uma loja recém-inaugurada estima que o fluxo de caixa líquido em seu primeiro ano de operação será de R$ 60.000,00. Estima-se que nos próximos 5 anos a receita terá um crescimento de 10% ao ano. Considerando uma taxa de juros de 12% ao ano, qual será o valor dos fluxos de caixa dessa loja nos próximos 5 anos?

Podemos ilustrar o fluxo de caixa esperado da loja na Figura 1.14:

Figura 1.14 – Fluxo de caixa esperado da Loja

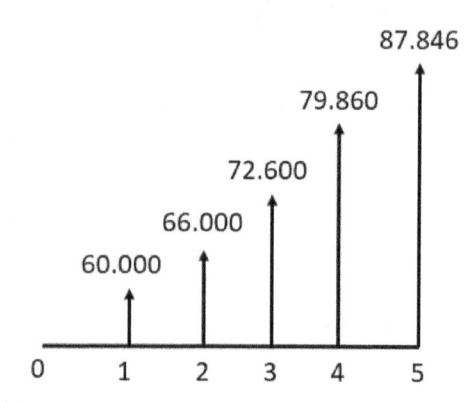

Fonte: Elaborada pelos autores.

Podemos descrever o valor presente dessa série de pagamento com gradiente geométrico crescente, da seguinte forma:

$$VP = \left[\frac{60.000[1 - (1 + 0,1)^5(1 + 0,12)^{-5}]}{0,12 - 0,1} \right]$$

A partir deste resultado encontramos o valor presente de R$258.460,12.

Agora vamos analisar como funciona o cálculo do valor presente de uma série uniforme de pagamento com gradiente geométrico decrescente, a partir do seguinte exemplo: uma empresa possui um equipamento, o qual pretende manter em posse durante 5 anos, que exige no primeiro ano custos anuais de manutenção na ordem de R$ 1.000,00. Devido ao alto desgaste que o equipamento sofre, estima-se que a cada ano os custos anuais de manutenção irão dobrar. Levando em consideração uma taxa de juros de 10% ao ano, qual é o valor presente dos custos de manutenção?

Primeiramente, podemos ilustrar o problema em questão na Figura 1.15:

Figura 1.15 – Fluxo de caixa esperado dos custos de manutenção do equipamento

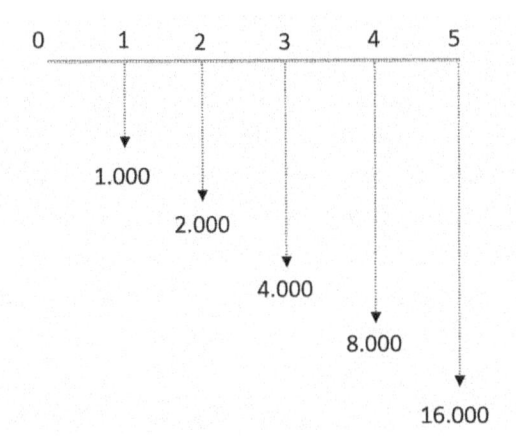

Fonte: Elaborada pelos autores.

Assim, percebe-se que o gradiente geométrico é de 50%, visto que os custos sempre dobram a cada ano. Portanto, podemos descrever o valor presente dessa série uniforme de pagamento com gradiente geométrico decrescente da seguinte forma:

$$VP = \left[\frac{16.000[(1 - 0,5)^5(1 + 0,1)^{-5} - 1]}{0,5 + 0,1} \right]$$

A partir desse cálculo, encontramos o resultado de um valor presente de R$ 26.149,23.

A relação entre as séries com gradiente geométrico crescente e decrescente com o valor futuro são obtidas a partir das Equações 1.25 e 1.26, respectivamente.

$$VF = \left[\frac{PGTO[(1 + G)^n - (1 + i)^n]}{G - i}\right] \qquad (1.27)$$

$$VF = \left[\frac{PGTO[(1 + i)^n - (1 + G)^n]}{G - i}\right] \qquad (1.28)$$

Para analisar a relação entre uma série uniforme de pagamento com gradiente geométrico e o valor futuro, vamos supor, como exemplo, que um investidor deseja realizar investimentos em uma carteira para ser resgatado daqui a 5 anos. Para tanto, uma das alternativas é abrir uma aplicação, em que, daqui a um ano, será depositado o valor de R$ 50.000,00. O investidor pretende aumentar seus depósitos anuais na ordem de 20% a cada ano, até o final do quinto ano. Sabe-se que essa carteira rende 7% ao ano; dessa forma, qual é o valor futuro a ser resgatado daqui a 5 anos?

Na estimativa do valor futuro a partir de série uniforme de pagamento com gradiente geométrico crescente, teremos o seguinte cálculo:

$$VF = \left[\frac{50.000[(1 + 0,2)^5 - (1 + 0,2)^5]}{0,2 - 0,1}\right]$$

Neste caso, o valor futuro a ser resgatado daqui a 5 anos será igual a R$ 516.907,92.

Agora vamos supor a seguinte situação: o investidor poderá abrir a mesma carteira, só que, nesse caso, daqui a um ano será depositado o valor de R$ 100.000,00. Entretanto, agora o investidor irá reduzir o volume de depósitos anuais em 20% em relação ao depósito do ano anterior. Levando em consideração o prazo de 5 anos e o rendimento da carteira em 7% ao ano, qual é o valor futuro a ser resgatado daqui a 5 anos?

O valor futuro agora será calculado a partir da relação equivalente com a série uniforme de pagamento com gradiente geométrico decrescente. Portanto, teremos o seguinte cálculo:

$$VF = \left[\frac{50.000[(1+0,1)^5 - (1+0,2)^5]}{0,2-0,1}\right]$$

O resultado é um valor futuro de R$ 432.912,41 a ser resgatado daqui a 5 anos.

1.7 – Taxas nominais, efetivas e equivalentes

Em problemas de matemática financeira, pressupõe-se que a unidade referencial de tempo da taxa de juros deve coincidir com a unidade referencial de tempo dos períodos de capitalização. Porém, em problemas reais, muitas vezes as taxas de juros e os períodos de capitalização não estão na mesma unidade referencial. Dessa forma, faz-se necessário conhecer os conceitos de taxas nominais, efetivas e equivalentes para efetuar corretamente as avaliações financeiras.

A taxa efetiva corresponde à taxa de juros em que a unidade de tempo é a mesma que a do período de capitalização. Entre alguns exemplos, podemos citar: 3% ao mês, capitalizados mensalmente; 5% ao trimestre, capitalizados trimestralmente; 10% ao semestre, capitalizados semestralmente; e 140 % ao ano, capitalizados anualmente.

Nestes exemplos, podemos observar que as unidades de tempo coincidem, e, assim, também é possível dizer: 3% ao mês; 5% ao trimestre; 10% ao semestre; 140% ao ano. Vale destacar que a taxa efetiva é a que deve definitivamente ser utilizada nos cálculos de matemática financeira.

No caso da taxa nominal, trata-se de uma taxa de juros em que a unidade de tempo da taxa de juros e a do período de capitalização não coincidem. Entre alguns exemplos, estão: 100% ao ano, com capitalização mensal; 5% ao mês, com capitalização anual; 2% ao bimestre, com capitalização semestral.

Nestes exemplos, é necessário fazer a conversão das taxas de juros nominais para uma taxa efetiva correspondente, a partir da seguinte fórmula:

$$iN = iE \times m \qquad (1.29)$$

em que: iN é a taxa nominal; iE é a taxa efetiva; e m é o número de períodos da unidade de tempo da taxa nominal equivalente à unidade de tempo do período de capitalização.

Quanto às taxas equivalentes, trata-se de taxas de juros com unidades de tempo diferentes que, ao serem aplicadas a um mesmo valor presente, produzem o mesmo valor futuro. Por exemplo, caso um valor presente seja aplicado por um ano a uma taxa de juros anual i_a, o valor futuro ao final de um ano será:

$$VF = VP \times (1 + i_a) \qquad (1.30)$$

Se considerarmos o mesmo valor presente aplicado por 12 meses a uma taxa mensal i_m, o valor futuro ao final dos 12 meses será:

$$(1 + i_a) = (1 + i_m)^{12} \qquad (1.31)$$

Dessa forma, considerando, por exemplo, as taxas de juros anual (i_a), semestral (i_s), mensal (i_m) e diária (i_d), também podemos desenvolver a relação de equivalência para os seguintes casos:

$(1 + i_m) = (1 + i_d)^{30}$ (visto que um mês corresponde a 30 dias)

$(1 + i_a) = (1 + i_m)^{12}$ (visto que um ano corresponde a 12 meses)

$(1 + i_a) = (1 + i_s)^{2}$ (visto que um ano corresponde a 2 semestres)

$(1 + i_s) = (1 + i_m)^{6}$ (visto que um semestre corresponde a 6 meses)

Podemos deduzir uma fórmula de equivalência de taxas a partir da seguinte relação:

$$i = (1 + i_q)^q - 1 \ ou \ i = (1 + i_q)^{\frac{1}{q}} - 1 \qquad (1.32)$$

em que: i é a taxa de juros equivalente no período em que se deseja fazer a análise;
i_q é a taxa de juros dado em período equivalente ao qual se deseja fazer a análise;
q é o período equivalente ao qual se deseja realizar a análise.

Para um melhor entendimento, vamos supor que um determinado título de dívida esteja rendendo 6% ao ano, com capitalização mensal. Qual seria a taxa nominal ao ano, a taxa efetiva mensal e a taxa efetiva anual para este caso?

A taxa nominal já foi dada no problema, que é propriamente o valor de 6% ao ano. Entretanto, para encontrar a taxa efetiva mensal, devemos proceder ao seguinte cálculo, baseando-se na Equação 1.29:

$$0,06 = iE \times 12$$

Neste caso, consideramos m igual a 12, pois um ano tem 12 meses. Para encontrar a taxa efetiva, basta dividirmos o valor de 6% por 12:

$$iE = \frac{0,06}{12}$$

O resultado será uma taxa efetiva mensal de 0,5% ao mês. Em seguida, podemos calcular uma taxa equivalente anual a partir dada por:

$$(1 + i_a) = (1 + i_m)^{12} \qquad (1.33)$$

Substituindo os valores dentro da fórmula, teremos a seguinte relação:

$$(1 + i_a) = (1 + 0,005)^{12}$$
$$i_a = (1 + 0,005)^{12} - 1$$

Pelos cálculos, encontraremos o resultado de uma taxa equivalente anual de aproximadamente 6,2% ao ano. Ou seja, um valor distinto da taxa nominal de 6% ao ano.

Podemos encontrar qualquer taxa equivalente para qualquer outro período, a partir de uma taxa efetiva. Vamos supor agora, que, em vez de uma taxa equivalente anual, deseja-se encontrar uma taxa equivalente trimestral. Dessa forma, recorremos a seguinte relação:

$$(1 + i_t) = (1 + i_m)^3 \qquad (1.32)$$

Neste caso, como um trimestre tem 3 meses, utilizamos a relação $(1 + i_m)^3$. Substituindo os valores na fórmula, encontra-se a seguinte relação:

$$(1 + i_t) = (1 + 0,5)^3$$
$$i_t = (1 + 0,5)^3 - 1$$

Pelos cálculos, encontraremos o resultado de uma taxa equivalente trimestral de aproximadamente 1,5% ao trimestre.

Para finalizar o entendimento, vamos supor agora a situação de um título que apresenta rentabilidade de 0,5% ao mês, com capitalização anual. Qual seria a taxa nominal ao mês, a taxa efetiva anual e a taxa equivalente mensal para este caso?

A taxa nominal ao mês é a própria taxa de 0,5% ao mês descrita no problema. Para encontrar a taxa efetiva anual, basta substituir o valor de *m* por 1/12, já que um mês é justamente

1/12 de um ano. Dessa forma, é possível realizar o cálculo baseando-se na Equação 1.29.

$$0,005 = i_a \times \frac{1}{12}$$
$$i_a = 0,005 \times 12$$

Assim, o valor da taxa efetiva anual encontrada é de 6% ao ano. Para encontrar a taxa equivalente mensal, recorre-se à seguinte relação:

$$\left(1 + i_m\right) = (1 + i_a)^{\frac{1}{12}} \tag{1.33}$$

Substituindo os valores na fórmula, teremos o seguinte cálculo:

$$\left(1 + i_m\right) = (1 + 0,06)^{\frac{1}{12}}$$
$$i_m = (1 + 0,06)^{\frac{1}{12} - 1}$$

Assim, encontramos uma taxa efetiva mensal de aproximadamente 0,49% ao mês, diferente da taxa nominal mensal de 0,50%.

Como podemos encontrar uma taxa equivalente para qualquer outro período, a partir de uma dada taxa efetiva, vamos calcular a taxa equivalente semestral. Neste caso, recorremos à seguinte relação:

$$\left(1 + i_s\right) = (1 + i_a)^{\frac{1}{2}}$$

Substituindo os valores na fórmula, teremos:

$$\left(1 + i_s\right) = (1 + 0,06)^{\frac{1}{2}}$$

A partir do cálculo acima, encontraremos o resultado de uma taxa equivalente de 2,95% ao semestre.

1.8 – Inflação e variação cambial

Podemos definir a inflação como a queda do poder aquisitivo do dinheiro, que pode ser causada, por exemplo: pela demanda excessiva de um determinado bem ou serviço, o qual a oferta não consegue acompanhar; pelo aumento nos custos dos fatores produção; pelo excesso de circulação da moeda; entre outros.

Na matemática financeira, o efeito da inflação é considerado a partir da correção monetária, que consiste em uma maneira de corrigir o valor da moeda na proporção do efeito inflacionário. Assim, geralmente é utilizada a inflação medida por meio de índices de preços.

Como exemplo, vamos supor um valor de R$ 10.000,00 recebido em janeiro de 2016, sujeito à correção monetária pelo IPCA. Qual seria o valor corrigido em janeiro de 2018?

Sabemos que: IPCA em jan./2016: 1.172,65

IPCA em jan./2018: 1.270,71

A partir do Índice de Preços ao Consumidor Amplo (IPCA), podemos obter a taxa de inflação no período entre janeiro de 2016 a janeiro de 2018, por meio da seguinte razão:

$$1 + i_{inf} = \frac{1.270,71}{1.172,26} = 1,0836 \ ou \ i_{inf} = 8,36\%$$

em que i_{inf} = índice de inflação.

Dessa forma, temos que o valor de R$ 10.000,00 corrigido pela inflação entre janeiro de 2016 e janeiro de 2018 é igual a:

$$10.000,00 \times 1,0836 = 10.836,00$$

Embora tenha sido utilizado o índice IPCA no exemplo, no Brasil a correção monetária assume variações por meio de diferentes índices de inflação. A taxa de juros em que se considera a correção monetária pela inflação é comumente chamada de taxa aparente, que é caracterizada pelo produto de uma taxa de juros real e uma taxa relacionada à inflação, geralmente estimada a partir dos índices de preços, conforme visto no exemplo anterior. A relação entre a taxa aparente com a taxa real e a taxa de inflação em determinado período é descrita da seguinte forma:

$$(1 + i_{apar}) = (1 + i_{real}) \times (1 + i_{inf}) \tag{1.34}$$

em que i_{real} é a taxa de juros real.

A partir da relação descrita pela Equação 1.37, podemos resumir que a taxa de juros aparente é basicamente a taxa de juros real corrigida pelo efeito da inflação, representada pela taxa de inflação em determinado período. Vale destacar que a aparente usualmente também é chamada de taxa nominal. Entretanto, quando usamos essa terminologia, pode haver confusão com a taxa nominal que tem o período de capitalização diferente do expresso na taxa.

Como exemplo, agora vamos supor que um determinado capital foi aplicado a uma taxa de juros de 10% ao ano. Se a inflação no período foi de 5% ao ano, qual será a taxa de juros real dessa aplicação?

Neste caso, teremos o seguinte cálculo:

$$(1 + 0,1) = (1 + i_{real}) \times (1 + 0,05)$$

$$\frac{(1 + 0,1)}{(1 + 0,05)} - 1 = i_{real}$$

O resultado será uma taxa de juros real de aproximadamente 4,76% ao ano.

No caso da variação cambial, trata-se da valorização relativa de determinada moeda em relação a alguma outra moeda. Dessa forma, também podemos descrever uma relação entre a inflação e a variação cambial:

$$(1 + i_{apar}) = (1 + \theta) \times (1 + i''_{inf}) \tag{1.35}$$

em que: θ é a valorização cambial da moeda estrangeira em relação à moeda doméstica; e i''_{inf} é a inflação na moeda estrangeira.

Suponha que, em determinado período, a variação cambial do dólar foi de 10%, enquanto a inflação na economia foi de 7%. Admitindo que a dívida em dólar está sujeita a juros de 12% mais a variação cambial, qual será a taxa real da operação em dólar em relação à inflação da economia?

Neste caso, primeiro calculamos os juros acumulados do período, que será a taxa aparente da operação:

$$(1 + i_{apar}) = (1 + 0{,}1) \times (1 + 0{,}12)$$

Pelo cálculo, teremos uma taxa aparente dos juros acumulados no período aproximadamente de 23,2%.

Em seguida, conseguimos calcular a taxa de juros real, descontado a inflação doméstica da taxa de juros aparente encontrada anteriormente:

$$(1 + 0{,}232) = (1 + i_{real}) \times (1 + 0{,}07)$$

A partir dos cálculos, encontra-se uma taxa de juros real da dívida de aproximadamente 15,14% no período.

1.9 – Fluxos de caixa constantes e fluxos de caixa correntes

Geralmente, considera-se que os fluxos de caixa que não levam em conta o efeito inflacionário são os fluxos de caixa constantes. Já nos casos em que a inflação é considerada, temos os fluxos de caixa correntes. A Figura 1.16 traz exemplos dos dois tipos de fluxos de caixa.

Figura 1.16 – Fluxos de caixa constantes e correntes

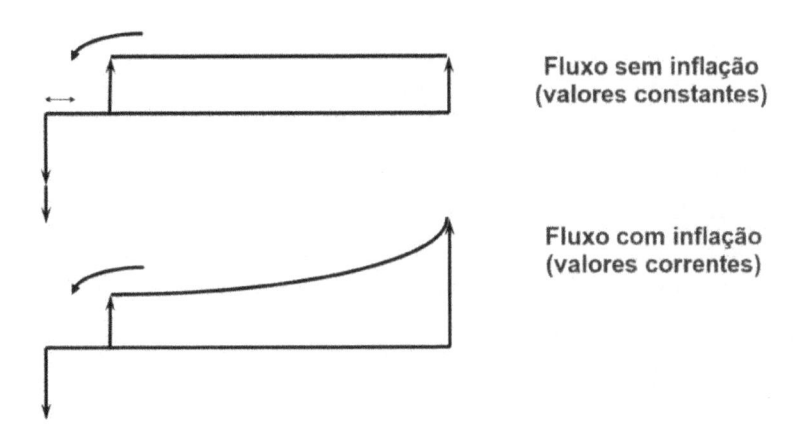

Fonte: Elaborada pelos autores.

Para um melhor entendimento, vamos supor que um determinado investimento de R$ 1.000,00 produza os seguintes fluxos de caixa futuros (Figura 1.16) nos próximos 3 anos. A princípio, esse fluxo de caixa é ilustrado a partir dos valores constantes, ou seja, sem a correção monetária devido ao efeito inflacionário.

Figura 1.17 – Exemplo de fluxo de caixa constante

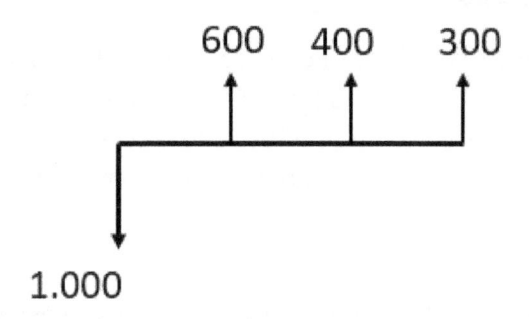

Fonte: Elaborada pelos autores.

Agora vamos supor que o fluxo de caixa seja definido por um determinado índice inflacionário. Neste caso, podemos converter os valores reais de um fluxo de caixa constante e transformá-lo em um fluxo de caixa corrente. Em cenários de alta da inflação, o investidor deve ter a preocupação em trabalhar com efeito inflacionário na análise de investimentos. Na Tabela 1.1, são descritos os valores anuais do índice teórico e do fluxo de caixa a valores correntes.

Tabela 1.1 – Conversão do fluxo de caixa constante para valores correntes

Período	Fluxo de caixa constante (R$)	Índice inflacionário	$(1 + i_{inf})$	Fluxo de caixa corrente
0	1.000,00	100,00		1.000,00
1	600,00	114,00	1,14	684,00
2	400,00	127,33	1,2733	509,32
3	300,00	142,43	1,4243	427,29

Fonte: Elaborada pelos autores.

Agora vamos supor o contrário; temos um fluxo de caixa corrente com os valores apresentados na Figura 1.18:

Figura 1.18 – Exemplo de fluxo de caixa corrente

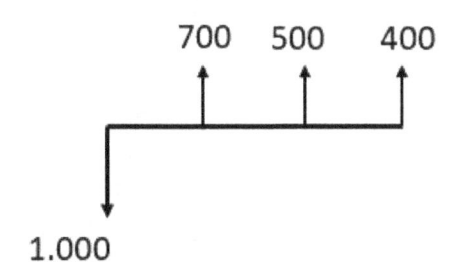

Fonte: Elaborada pelos autores.

Neste caso, vamos supor ainda que está estimada uma valorização do dólar em relação ao real, de 15% no primeiro ano; 20% no segundo ano; e 25% no terceiro ano. Por outro lado, também temos o efeito inflacionário estimado pelo mesmo índice do exemplo anterior. Dessa forma, vamos analisar como ficará esse fluxo de caixa em valores constantes.

O primeiro passo será corrigir os valores do fluxo de caixa pela variação cambial prevista para os próximos períodos. Para tanto, basta multiplicar os valores do fluxo de caixa constante pela variação cambial. Desse modo, conforme mostra a Tabela 1.2, teremos as seguintes parcelas:

Tabela 1.2 – Conversão do fluxo de caixa a valores corrigidos

Período	Fluxo de caixa corrente (R$)	Variação cambial	Fluxo de caixa a valores corrigidos
0	1.000,00		1.000,00
1	700,00	(1 + 15%)	805,00

Período	Fluxo de caixa corrente (R$)	Variação cambial	Fluxo de caixa a valores corrigidos
2	500,00	(1 + 20%)	600,00
3	400,00	(1 + 25%)	500,00

Fonte: Elaborada pelos autores.

Em seguida, para encontrar os valores do fluxo de caixa a valores constantes, simplesmente fazemos a divisão dos valores do fluxo de caixa a valores corrigidos pela variação cambial pela razão $1 + i_{inf}$. A taxa de inflação é obtida a partir do índice inflacionário, semelhantemente ao exemplo anterior.

Tabela 1.3 – Conversão do fluxo de caixa a valores constantes

Período	Fluxo de caixa a valores corrigidos (R$)	Índice inflacionário	$(1 + i_{inf})$	Fluxo de caixa constante
0	1.000,00	100,00		1.000,00
1	805,00	114,00	1,14	706,14
2	600,00	127,33	1,2733	471,22
3	500,00	142,43	1,4243	351,05

Fonte: Elaborada pelos autores.

1.10 – Exercícios

1) Para um capital inicialmente aplicado no valor R$ 20.000,00 a uma taxa de juros de 15% ao ano, durante 3 anos, qual é o valor futuro para os casos de considerarmos os regimes de juros simples e compostos em cada período?

Período	Juros simples	Juros compostos
0		
1		
2		
3		

2) Uma instituição financeira oferece um empréstimo de R$ 10.000,00 e cobra uma taxa de juros de 6% ao ano. Calcule o valor futuro que deverá ser pago, caso o prazo do empréstimo seja de 6 meses. Observe que a taxa de juros é anual e o número de períodos está expresso em meses.

3) Um investimento de R$ 50.000,00 foi aplicado em um banco por 3 meses, a uma taxa de juros de 1% ao mês, no sistema de juros compostos. Após esse período, o valor futuro dessa aplicação foi retirado e aplicado em uma outra instituição financeira por 5 meses, no sistema de juros simples, a uma taxa de juros de 2% ao mês. Calcule o valor futuro retirado após o final da segunda aplicação.

4) Um empresário pretende investir em um empreendimento habitacional que lhe renderá cerca de R$ 90.000,00 por ano, durante os próximos 15 anos. Qual é o valor presente do investimento, sabendo-se que a taxa de juros a ser considerada é de 5% ao ano?

5) Uma pessoa pretende obter R$ 400.000,00 daqui a 15 anos e, para tanto, planeja depositar anualmente um valor fixo em uma aplicação que rende juros de 10% ao ano. Qual é o valor das anuidades que devem ser depositadas a fim de se obter o valor futuro desejado?

6) Quanto deverei hoje investir em um imóvel com a finalidade de receber aluguéis na importância de R$ 6.000,00 mensais por um prazo tão longo que possa ser considerado infinito, considerando uma taxa de juros de 0,8% ao mês.

7) Uma universidade receberá doações à perpetuidade no valor de R$ 7.000,00 por ano. Considerando uma taxa de juros de 9% ao ano e que as doações já se iniciam na data zero, ou seja, de forma antecipada, qual seria o valor presente da doação?

8) Um banco faz empréstimos a uma taxa de 20% ao ano, capitalizados mensalmente. Dessa forma, qual é a taxa efetiva anual cobrada pelo banco?

9) Uma empresa de design iniciou suas atividades recentemente e estima que, no primeiro ano, realizará uma receita de R$ 70.000,00. A expectativa é que, nos próximos 5 anos, a empresa tenha incrementos de R$ 15.000,00 por ano em suas receitas em relação aos anos anteriores. Dessa forma, qual seria o valor presente das receitas futuras esperadas nos próximos 5 anos, considerando uma taxa de juros de 10% ao ano?

10) Um grupo de investidores pretende realizar depósitos de R$ 100.000,00 começando no próximo ano em uma determinada aplicação. Além disso, também acordou que os depósitos terão aumento de R$ 20.000,00 durante 4 anos a partir de então, até completar 5 anos, e depois cessarão. Supondo que a aplicação rende juros de 6% ao ano, qual será o valor futuro das sequências de depósitos?

11) Vamos supor que um investimento em um sistema fotovoltaico residencial produza o ganho com economia na conta de energia de R$ 5.000,00 por ano. Entretanto, estima-se que essa economia sofrerá um decréscimo exponencialmente geométrico de 0,25% ao ano, devido à degradação dos equipamentos de geração fotovoltaica. Sabendo que a taxa de desconto é de 10% ao ano e a duração do equipamento é de 25 anos, calcu-

le o valor presente dos ganhos obtidos com a instalação desse sistema fotovoltaico.

12) Calcule a taxa efetiva anual equivalente a 20% ao ano, capitalizados:

a) mensalmente;

b) trimestralmente;

c) semestralmente;

d) a cada dois anos.

13) Um investidor aplicou todos os seus recursos, o que lhe rendeu um retorno nominal de 15% ao ano. Considerando que a inflação média foi de 5% no mesmo ano, qual é o retorno real obtido pelo investidor por meio dessa aplicação?

14) Um investidor que aplicou em um título pós-fixado o valor de R$ 5.000,00 e resgatou o total de R$ 6.000,00 no final de um semestre. Nesse período, a taxa real de juros foi de 16%. Dessa forma, calcule qual foi a taxa de inflação durante o semestre.

15) A partir de um fluxo de caixa corrente, as variações cambiais esperadas e o índice inflacionário destacados na tabela abaixo, calcule o fluxo de caixa constante:

Período	Fluxo de caixa corrente (R$)	Variação cambial	Índice inflacionário	Fluxo de caixa constante
0	-10.000		100,00	
1	7.500	15%	117,19	
2	6.500	20%	131,43	
3	5.000	25%	145,12	

2 – Análise entre alternativas de investimentos

2.1 – Princípios de engenharia econômica

A engenharia econômica oferece, por meio de seus fundamentos, as condições para que os gestores possam decidir sobre propostas tecnicamente corretas. A base desses fundamentos está na matemática financeira, preocupando-se com o valor do dinheiro no tempo. Entre alguns exemplos de aplicação dos conceitos de engenharia econômica estão:

- Calcular o valor de uma empresa (*valuation*) para venda, inventário, fusão e dação em pagamento.
- Avaliar a viabilidade econômica de projetos e aquisição de máquinas e equipamentos.
- Comparar as alternativas de compra e *leasing*.
- Avaliar se é melhor manter ou substituir equipamentos.
- Comparar se é melhor comprar a prazo ou à vista.

Para que um estudo de viabilidade econômica seja feito adequadamente, devem ser considerados alguns pressupostos básicos:

a) É necessário que as alternativas sejam possíveis técnica e financeiramente. Não há necessidade de se avaliar uma compra à vista se não há condições financeiras de se adquirir certo bem ou serviço à vista.

b) As alternativas devem ser expressas em dinheiro, pois, convertendo os dados em termos monetários, teremos uma medida em comum entre as alternativas. Atributos intangíveis – como, por exemplo, a aparência de um equipamento ou a sensação de conforto – são difíceis de se converter em dinheiro.

c) Apenas as diferenças relevantes deveriam ser consideradas em uma comparação entre as alternativas. Os dados comuns entre as alternativas podem ser dispensados. Não adianta, por exemplo, em uma análise entre dois equipamentos, considerar o consumo de energia deles, se forem idênticos.

d) Sempre devem ser considerados os juros sobre o capital investido. Assim, teremos a representação do custo de oportunidade do capital, pois sempre existirão outras oportunidades de empregar o capital, de modo que ele produza rendimentos ou economias.

e) Nos estudos de viabilidade econômica, o passado não interessa. Apenas interessa o presente e o futuro. Não adianta afirmar que não se vende um imóvel por menos de R$ 500.000 porque houve gastos em consertos da parte elétrica do imóvel. O que interessa é o valor de mercado.

Em engenharia econômica, o que nos interessa são os critérios econômicos, que implicam a rentabilidade de um investimento. Ou seja, os rendimentos que serão produzidos a partir de um sacrifício de um capital investido.

2.2 – O conceito de taxa mínima de atratividade

Para qualquer investidor avaliar a decisão de aceitar ou não a realização de um certo investimento, é fundamental existir um elemento que represente o custo de oportunidade do capital a ser investido. A Taxa Mínima de Atratividade (TMA) é justamente a taxa que representa o custo de oportunidade do capital, sendo considerada a taxa a partir da qual o investidor está obtendo ganhos econômicos. Dessa forma, uma proposta de investimento deve render no mínimo o valor da TMA, que pode ser baseada:

a) Na taxa de aplicação em investimento de pouco risco no mercado financeiro, como, por exemplo, títulos públicos ou privados. A ideia é que investiremos apenas se a rentabilidade dos investimentos propostos for superior às taxas desses investimentos no mercado financeiro. Entretanto, ao compararmos investimentos com riscos diferentes, poderíamos estar cometendo um erro – por exemplo, o de aceitar investimentos de alto risco com rentabilidade apenas um pouco acima do mercado de títulos de dívida, o que geralmente traz baixo risco.

b) No custo médio ponderado entre o capital próprio e o capital de terceiros da empresa, que veremos detalhadamente no Capítulo 7. A ideia aqui é investir apenas em alternativas que tenham uma rentabilidade superior ao custo de capital já ajustado ao risco da empresa.

Outro enfoque da TMA é o custo de capital embutido na proposta a ser avaliada. Ou seja, o custo de capital da empresa é adicionado ao risco envolvido na alternativa de investimento que tenha risco diferente do da empresa. Existirá a disposição em investir se a expectativa de ganhos, já deduzidos os investimentos, for superior ao custo de capital representado pela TMA.

Serão apresentados, a seguir, os métodos de avaliação de investimentos mais conhecidos.

2.3 – *Payback* simples e *payback* descontado

O *payback* analisa o prazo de recuperação de um capital investido e apresenta duas métricas usuais: o *payback* simples e o descontado. O *payback* simples analisa quantos períodos os ganhos levarão para igualar o investimento, sem considerar a remuneração do capital investido. Por exemplo, na alternativa de um Investimento 1, representada pelo diagrama de fluxos de caixa da Figura 2.1, os recebimentos se igualam aos investimentos de R$ 1.000 no período 3, assim o *payback* simples desse investimento é de 3 anos.

Figura 2.1 – Alternativa de investimento 1, com *payback* simples de 3 anos

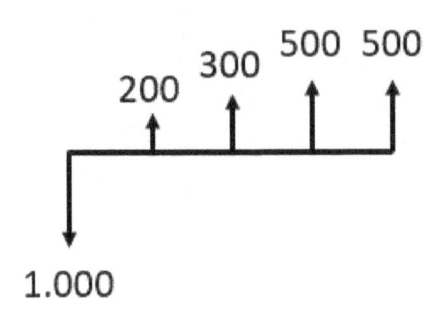

Fonte: Elaborada pelos autores.

Na Figura 2.2, observa-se uma alternativa de investimento, em que o *payback* é de 3 anos. Neste diagrama de fluxos de caixa, os recebimentos maiores ocorrem mais próximos da data zero, tornando-o mais atrativo. Porém, o método do *payback* simples falha ao indicar a melhor alternativa, pois ele não considera o valor do dinheiro no tempo.

Figura 2.2 – Alternativa de investimento 2, com *payback* simples de 3 anos.

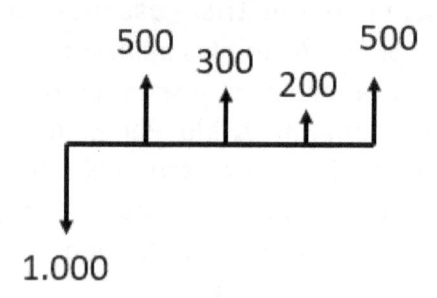

Fonte: Elaborada pelos autores.

Outro agravante pode ser observado a partir da alternativa de Investimento 3, representada pelo diagrama de fluxos de caixa da Figura 2.3, em que também se observa um *payback* de 3 anos, mesmo sendo um diagrama de fluxos de caixa com perspectiva de maiores ganhos do que o da Figura 2.1. Ou seja, o Investimento 3 ilustrado na Figura 2.3 aparenta ser melhor, mas o método falha por não considerar o tempo após o *payback*. Portanto, além de não considerar o valor do dinheiro no tempo, o método também falha em não considerar o tempo após o *payback*.

Figura 2.3 – Alternativa de investimento 3, com *payback* simples de 3 anos.

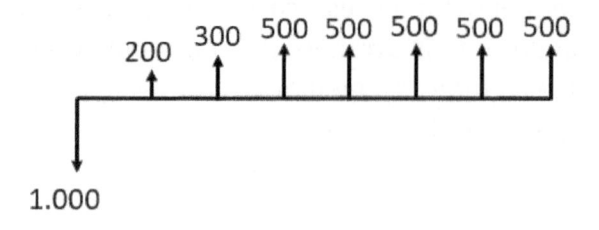

Fonte: Elaborada pelos autores.

Matematicamente, podemos escrever a seguinte fórmula para o cálculo do *payback*, sendo aplicada justamente no período *n*, em que o fluxo de caixa acumulado é menor ou igual a zero.

$$PB = \left[(n^* - 1) + \frac{\left| FC_{acum_{n^*-1}} \right|}{FC_{n^*}} \right] \qquad (2.1)$$

em que: PB é o Payback; n^* é o primeiro período em que o fluxo de caixa acumulado é maior ou igual a zero; $FC_{acum_{n^*-1}}$ é o fluxo de caixa acumulado no último período em que ele é menor ou igual a zero; e FCn^* é o fluxo de caixa no período n^*.

Por sua vez, o *payback* descontado analisa o período de recuperação do investimento, levando em consideração o custo de capital. Ou seja, para o cálculo do *payback* descontado, todos os fluxos de caixa são trazidos para o valor presente, e posteriormente é aplicada a mesma fórmula utilizada para o cálculo do *payback* simples.

Agora vamos considerar o cálculo do *payback* descontado para o exemplo do investimento com o diagrama de fluxos de caixa representado pela Figura 2.1. Neste caso, vamos supor que os valores dos fluxos de caixa dos períodos futuros serão descontados a um valor presente pela TMA de 10% ao ano, conforme ilustrado na Figura 2.4. O novo diagrama de fluxos de caixa com os valores descontados ao valor presente é ilustrado na Figura 2.4. Na Tabela 2.1, está representado o fluxo de caixa, o fluxo descontado e o acumulado do investimento.

Tabela 2.1 – Fluxo de caixa do exemplo

Período (n)	Fluxo de caixa (R$)	Fluxo de caixa descontado (R$)	Fluxo de caixa acumulado (R$)
0	-1000	-1000	-1000
1	200	182	-818
2	300	248	-570
3	500	376	-194
4	500	342	148

Fonte: Elaborada pelos autores.

Observa-se que é no período 4 que aparece o primeiro saldo acumulado com valor igual ou maior que zero, sendo o último saldo acumulado negativo igual a -R$ 194,00 e o fluxo de caixa no período 4 igual a R$ 342. Aplicando-se a fórmula descrita na Equação 2.1, é encontrado um *payback* descontado de 3,57 anos.

Figura 2.4 – Alternativa de investimento 3, com *payback* descontado de 3,57 anos

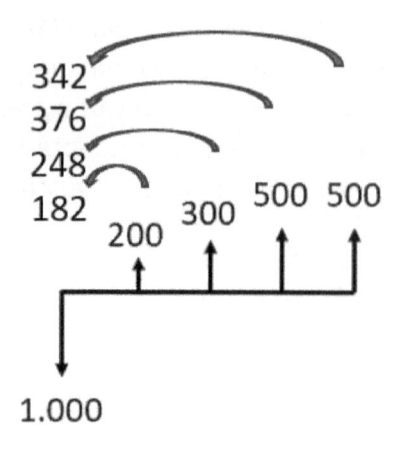

Fonte: Elaborada pelos autores.

Assim, podemos observar que o *payback* descontado corrige o problema de não considerar o valor do dinheiro no tempo; mas, bem como o *payback* simples, despreza os fluxos de caixa que ocorrem posteriormente. Outro problema desses métodos é a falta de um critério definido bem fundamentado para tomada de decisão, ou seja, a definição de qual seria um *payback* ideal para considerar um investimento atrativo ou não.

De forma semelhante, mas sem a necessidade de estimar o fluxo de caixa descontado de cada período, é possível estimar o *payback* simples. Na Tabela 2.2, estão os valores do fluxo de caixa e do fluxo de caixa acumulado para o cálculo do *payback* simples.

Tabela 2.2 – Fluxo de caixa e fluxo de caixa acumulado para o exemplo de *payback* simples

Período (n)	Fluxo de caixa (R$)	Fluxo de caixa acumulado (R$)
0	-1000	-1000
1	200	-800
2	300	-500
3	500	0
4	500	500

Fonte: Elaborada pelos autores.

Para este caso, também basta aplicar a fórmula da Equação 2.1. É no período 3 que o valor do fluxo de caixa acumulado é maior ou igual a zero pela primeira vez. O fluxo de caixa no período 3 é de R$ 500,00, e o último saldo de caixa acumulado com valor negativo é de -R$ 500,00. Aplicando esses valores na fórmula, temos que o *payback* simples é de 3 anos.

2.4 – Valor presente líquido

O Valor Presente Líquido (VPL), também chamado de método do valor atual, caracteriza-se pela transferência para a data presente – por meio da taxa de descontos, a TMA – dos valores monetários dos fluxos de caixa de datas futuras somados algebricamente com o saldo do fluxo de caixa da data presente. Podemos representar o VPL graficamente, conforme a ilustração da Figura 2.5.

Figura 2.5 – Ilustração do cálculo do VPL

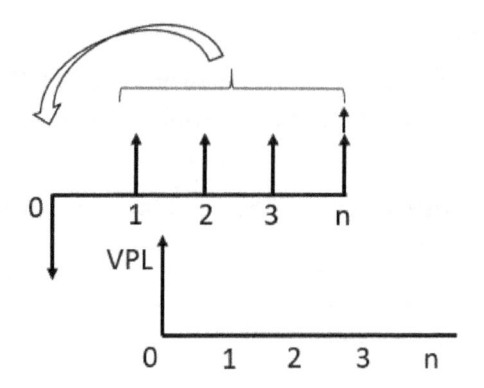

Fonte: Elaborada pelos autores.

Matematicamente, o cálculo do VPL pode ser escrito da seguinte forma:

$$VPL = FC_0 + \frac{FC_1}{(1+i)^1} + \frac{FC_2}{(1+i)^2} + \frac{FC_3}{(1+i)^3} \qquad (2.2)$$

$$VPL = \sum_{0}^{N} \frac{FC_n}{(1+i)^n} \qquad (2.3)$$

em que: FC_0 é o saldo do fluxo de caixa na data presente; FC_1 é o saldo do fluxo de caixa no primeiro período; FC_2 é o saldo do fluxo de caixa no segundo período; FC_n é o saldo do fluxo de caixa no período n; e i é a taxa de desconto, representada pela TMA.

Para avaliar se o investimento é viável ou não, deve-se observar se o VPL apresenta resultado maior ou igual a zero – neste caso, o investimento é viável. Quando o VPL apresentar valor monetário negativo, considera-se que o investimento é inviável.

Como exemplificação, vamos supor um investimento de R$ 120.000,00 capaz de produzir os seguintes fluxos de caixa no horizonte de três anos:

Ano 1 = R$ 55.000,00
Ano 2 = R$ 54.450,00
Ano 3 = R$ 26.620,00

Graficamente, podemos representar o fluxo de caixa deste investimento da seguinte forma:

Figura 2.6 – Diagrama de fluxos de caixa de um investimento

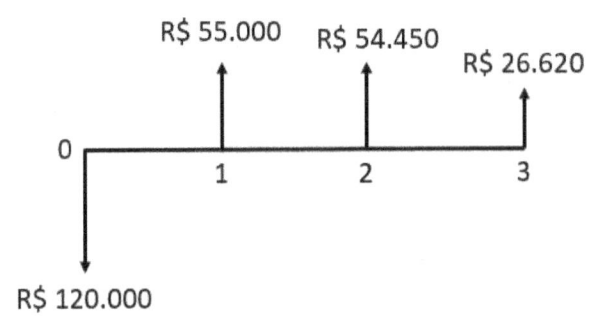

Fonte: Elaborada pelos autores.

Supondo que a TMA do investimento é 10% ao ano, podemos calcular o VPL desse investimento da seguinte forma:

$$VPL = -120.000 + \frac{55.000}{(1+0,1)^1} + \frac{55.450}{(1+0,1)^2} + \frac{26.620}{(1+0,1)^3} \qquad (2.4)$$

Desenvolvendo o cálculo descrito na Equação 2.4, encontramos um resultado de VPL negativo de -R$ 5.000. Dessa forma, conclui-se que esse investimento é inviável. Esse resultado também pode ser facilmente calculado com auxílio de uma planilha do MS Excel, inserindo o valor de 0,1 no campo "taxa", e os valores dos fluxos de caixa do período 1 até o período 3 no campo "Valor 1". Em seguida, o resultado obtido a partir da função VPL deve ser subtraído do valor de R$ 120.000,00.

2.5 – Valor anual uniforme equivalente

O Valor Anual Uniforme Equivalente (VAUE) implica a transformação de todos os fluxos de caixa de um investimento, em um dado horizonte de planejamento, em uma série de pagamentos uniformes. Assim, é indicado o valor do benefício líquido por período oferecido pela alternativa de investimento.

O investimento analisado será considerado atrativo se apresentar um resultado de VAUE maior ou igual a zero; caso contrário, o investimento é considerado inviável.

Figura 2.7 – Ilustração do cálculo do VAUE

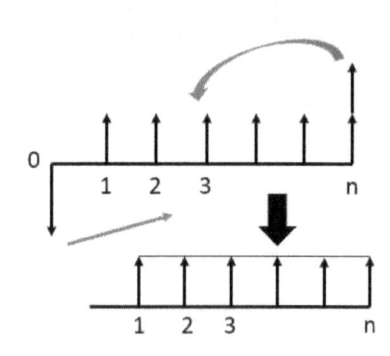

Fonte: Elaborada pelos autores.

Após o cálculo do VPL, é possível calcular o VAUE, a partir da mesma fórmula utilizada para o cálculo do PGTO, descrita pela Equação 1.11 e apresentada no Capítulo 1. Revisitando essa equação, podemos representar o cálculo do VAUE conforme ilustrado na Equação 2.5.

$$PGTO = VPL \times \left[\frac{(1+i)^{n-1}x\ i}{(1+i)^{n-1}} \right] \qquad (2.5)$$

No exemplo anterior, considerado para o cálculo do VPL, foi obtido o resultado de um VPL de -R$ 5.000,00 a partir de um fluxo de caixa descontado para a data zero subtraído do investimento inicial, conforme ilustrado na Figura 2.8.

Figura 2.8 - Ilustração para o cálculo do VPL

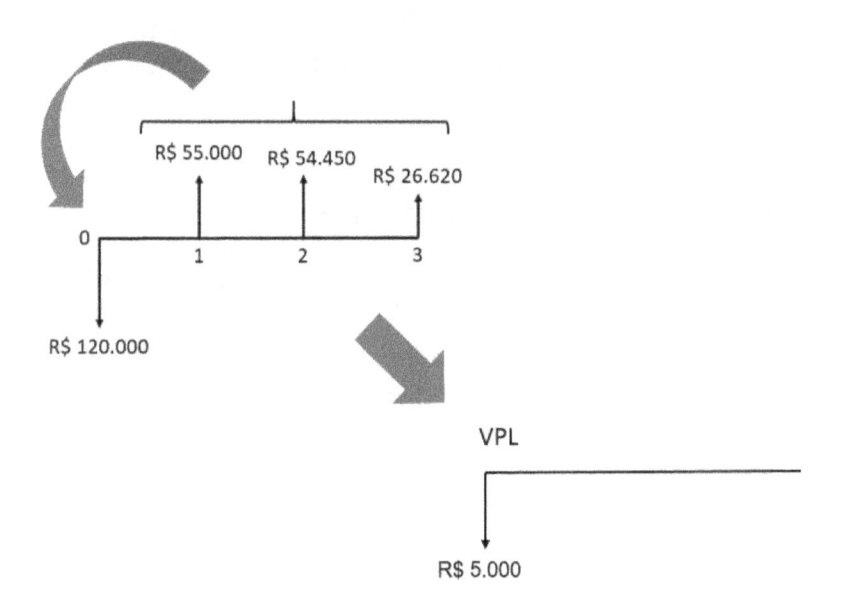

Fonte: Elaborada pelos autores.

Neste exemplo, podemos calcular o VAUE a partir do resultado de VPL de -R$ 5.000,00. Para tanto, aplicamos a Equação 2.5 substituindo os valores pelo VPL de -R$ 5.000,00, a taxa de desconto *i* de 10% ao ano e número de período *n* de 3 anos. Assim, é encontrado o VAUE negativo de -R$ 2.011,00 da seguinte forma:

$$VAUE = PGTO = -5.000 \times \left[\frac{(1 + 0,10)^3 \times 0,10}{(1 + 0,10)^3 - 1} \right] = -2.011$$

Esse cálculo também pode ser feito com auxílio de uma planilha do MS Excel, por meio da função PGTO. No caso deste exemplo, deve ser inserido o valor de 0,10 no campo "taxa"; o valor de 3 no campo "Nper"; e o valor de R$ 5.000,00 no campo "VP".

A interpretação do resultado do VAUE é semelhante à do VPL, ou seja, resultados de VAUE negativos indicam a inviabilidade do investimento, enquanto resultados de VAUE igual ou maiores que zero indicam que o investimento é viável.

2.6 – Taxa interna de retorno (TIR)

Conceitualmente, a Taxa Interna de Retorno (TIR) de um investimento é justamente a taxa de juros para o qual os valores de entrada de um diagrama de fluxos de caixa tornam-se iguais aos valores de saída em uma determinada data. Isso significa que a TIR é a taxa de desconto que torna nulo o VPL de um investimento. Para efeito de decisão, a TIR deve ser comparada com a TMA, e, no caso de uma TIR ser superior à TMA, considera-se a aceitação do investimento. Porém, se a TIR for inferior à TMA, o investimento passa a não ser mais atrativo.

Para efeito de exemplo, vamos tomar como referência o exemplo visto na Seção 2.6, com os fluxos de caixa com a seguinte característica ilustrada na Figura 2.9.

Figura 2.9 – Exemplo para o cálculo da TIR

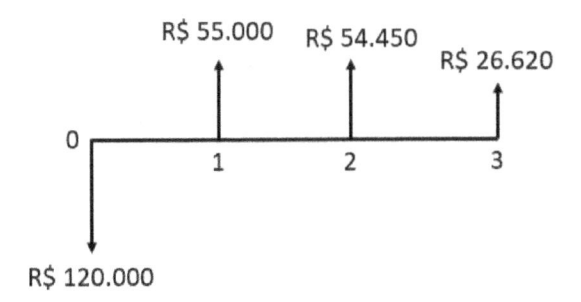

Fonte: Elaborada pelos autores.

Neste caso, matematicamente podemos calcular a TIR, da seguinte forma:

$$VPL = 0 = -120.000 + \frac{55.000}{(1 + TIR)^1} + \frac{54.450}{(1 + TIR)^2} + \frac{26.620}{(1 + TIR)^3} \quad (2.6)$$

Desenvolvendo o cálculo e também representando graficamente a relação entre o VPL e a taxa de desconto (Figura 2.10), observamos que o valor da TIR para esse exemplo é de aproximadamente 7,35% ao ano, que é a taxa que iguala o VPL a zero. Esse resultado pode ser obtido com auxílio de uma planilha do MS Excel, por meio do uso da função TIR e inserindo no campo "Valores" os valores de fluxo de caixa desde a data zero (nessa data, deve ser inserido o valor com sinal de negativo na frente do valor do investimento, ou seja, -R$ 120.000,00) até o terceiro período.

Visto que o valor da TIR é inferior ao da TMA de 10% destacada no exemplo da Seção 2.6, considera-se que o investimento deve ser rejeitado, assim como os métodos do VPL e do VAUE já haviam indicado anteriormente.

Figura 2.10 – Ilustração da relação VPL x taxa de desconto

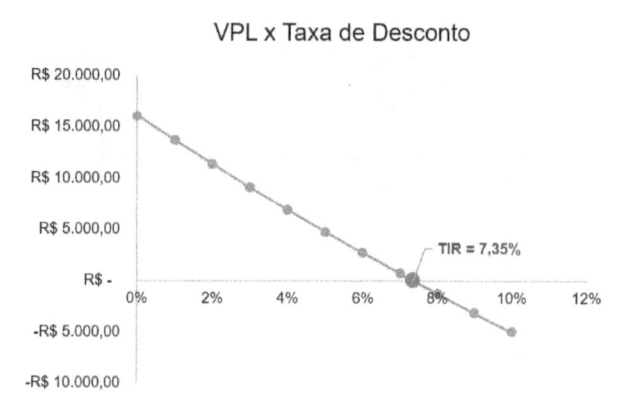

Fonte: Elaborada pelos autores.

Um problema do método da TIR é que, nos casos dos fluxos de caixa em que ocorrem mais de uma inversão de sinal (como é o caso da Figura 2.11), é possível encontrar mais de um resultado para a TIR. Em álgebra, a regra de Descartes afirma que poderá haver tantas raízes positivas quantas são as inversões na direção do sinal do fluxo de caixa.

Para entender melhor esse problema, vamos calcular as TIRs de um investimento em uma construção de um prédio de apartamentos em que há o adiantamento de R$ 5.000.000,00 por parte dos compradores na data zero. A construção do edifício ocorrerá no primeiro ano, com um gasto estimado de R$ 25.000.000,00, e, no segundo ano, está previsto o recebimento de R$ 25.000.000,00 relativos ao valor restante pela venda. A representação é feita no diagrama de fluxos de caixa da Figura 2.11.

Figura 2.11 – Exemplo de fluxo de caixa com inversão de sinal

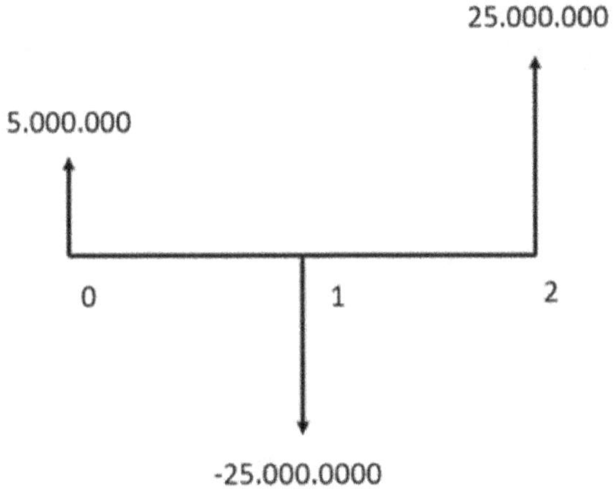

Fonte: Elaborada pelos autores.

Neste caso, o equacionamento para o cálculo da TIR ficaria na seguinte situação:

$$VPL = 0 = 5.000.000 + \frac{-25.000.000}{(1 + TIR)^1} + \frac{25.000.000}{(1 + TIR)^2}$$

$$VPL = 0 = 5.000.000 - 25.000.000 \times (1 + TIR)^{-1} + 25.000.000 \times (1 + TIR)^2$$

Resolvendo esta equação, usando a fórmula de Bhaskara, são encontrados dois resultados: uma TIR igual a 38,20% ao ano, e outra TIR igual a 261,80% ao ano, mas que não apresentam significado econômico nenhum.

Para contornar esse problema, podemos utilizar o método da TIR modificada (MTIR). No cálculo da MTIR, devemos transportar os fluxos de caixa negativos para uma mesma data (geralmente a data zero), a partir de uma taxa de financiamento, e os fluxos de caixa positivos são transportados para outra data em comum, a partir de uma taxa de investimento que pode ser a própria TMA. Na Figura 2.12, é ilustrada essa situação.

Figura 2.12 – Procedimento do cálculo da MTIR

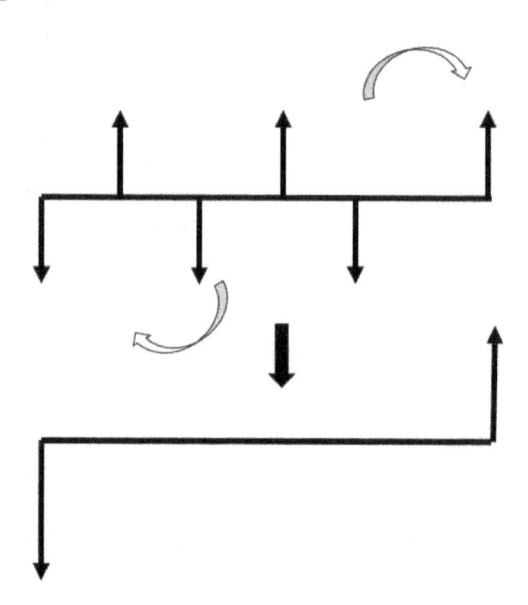

Fonte: Elaborada pelos autores.

Vamos supor que, no exemplo anterior, considera-se que os R$ 5.000.000,00 da data zero sejam reinvestidos por dois anos pela própria TMA de 10% ao ano, resultando em um valor de R$ 6.050.000,00, que, somado aos R$ 25.000.000,00, resulta em um valor total, na data 2, de R$ 31.050.000,00. Por sua vez, vamos supor que o valor negativo de -R$ 25.000.000,00 do primeiro ano seja financiado a uma taxa de 8% ao ano, resultando no valor de R$ 23.148.148,15 na data zero. Dessa forma, chegaremos à situação mostrada na Figura 2.13.

Figura 2.13 – Exemplo de cálculo da MTIR

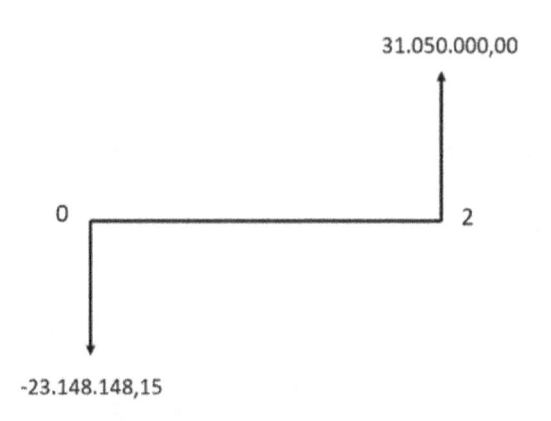

Fonte: Elaborada pelos autores.

Assim, temos que:

$$VPL = 0 = -23.148.148,15 + \frac{31.050.000,00}{(1 + TIR)^2}$$

$$VPL = 0 = -23.148148,1 + 31.050.000,00 \times (1+TIR)^{-2}$$

Resolvendo a equação, temos que a MTIR é aproximadamente igual a 15,82% ao ano. O cálculo da MTIR também pode ser facilmente realizado, por meio de uma planilha do MS Excel; neste caso, basta utilizar a função MTIR inserir no campo "Valores", os fluxos de caixa do período 0 até o período 2 (aqui, deve-se colocar o sinal de negativo na frente dos valores que representam saída de caixa); no campo "Taxa_financ", deve-se inserir o valor de 8%; e, no campo "Taxa_reinvest", deve-se inserir o valor de 10%.

2.7 – A TIR na comparação entre alternativas de investimento

Na comparação entre alternativas de investimento, não é possível afirmar que, se a TIR de uma determinada alternativa for superior à outra, devemos considerar que ela é mais atrativa. Para melhor compreensão desse problema, vamos considerar a comparação entre as alternativas mutuamente exclusivas A e B, destacadas na Figura 2.14, considerando uma TMA de 10% ao ano.

Figura 2.14 – Exemplo de duas alternativas de investimento

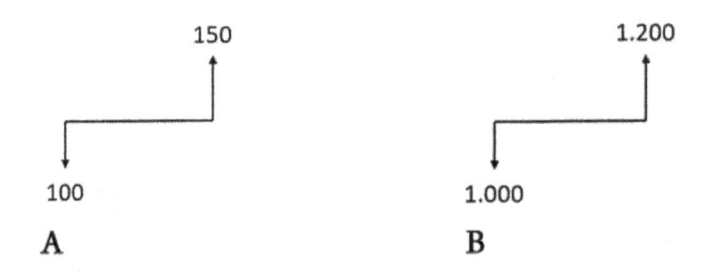

Fonte: Elaborada pelos autores.

No caso da alternativa A, temos que uma TIR_A = 50% ao ano; e, no caso da alternativa B, uma TIR_B = 20% ao ano. As duas apresentam TIR maior que a TMA, e, apesar de a TIR_A ser maior, observa-se que a alternativa B envolve um valor de investimento maior que proporciona rendimentos futuros.

Se a alternativa B está sendo considerada, inferimos que há a disponibilidade ou a possibilidade de se obter R$ 1.000,00, e isso nos leva à seguinte questão: seria melhor investir R$ 1.000,00 na alternativa B, cuja rentabilidade é de 20% ao ano, ou investir apenas R$ 100,00 na alternativa A, com uma rentabilidade maior? Caso a alternativa A seja a escolhida, os investidores obteriam uma rentabilidade de 50% ao ano sobre os R$ 100,00, mas apenas 10% (TMA) sobre a diferença de R$ 900,00 em vez de obterem uma rentabilidade de 20% sobre o valor total de R$ 1.000,00.

Dessa forma, devemos analisar se é justificável realizar esse investimento maior na alternativa B por meio de uma análise incremental. Essa análise consiste em estimar um fluxo de caixa das diferenças (fluxo diferença) entre a alternativa de maior investimento inicial e a de menor investimento. Vejamos na Figura 2.15 como ficaria o fluxo diferença entre a alternativa B em relação à alternativa A (B – A).

Figura 2.15 – Exemplo de fluxo diferença

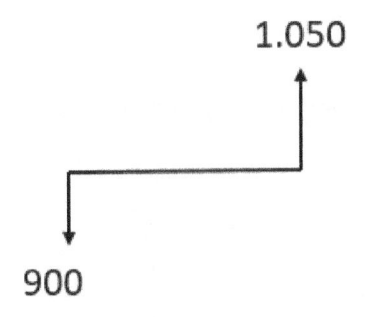

1.050

900

B – A (fluxo diferença)

Fonte: Elaborada pelos autores.

Para o fluxo diferença, encontra-se uma TIR_{B-A} de 17% ao ano, que é superior à TMA de 10% ao ano. Ou seja, neste caso deve-se considerar que é justificável realizar um investimento maior e escolher a alternativa B.

No caso de alternativas de investimento com horizonte de planejamento idênticos, como é o caso deste exemplo, também podemos utilizar os critérios de VPL e VAUE para realizar a comparação. Aqui, basta simplesmente comparar individualmente o valor de VPL ou VAUE das duas alternativas, sendo que a alternativa com maior resultado é a mais atrativa financeiramente.

No exemplo, para a alternativa A, temos um resultado de VPL igual a R$ 36,36, e de R$ 40,00 para o VAUE. Para a alternativa B, temos um VPL de R$ 90,91 e VAUE igual a R$ 100,00. Observe que os critérios de VPL e VAUE convergem com o resultado indicado pela TIR obtida a partir da análise incremental.

Vamos considerar, agora, um novo exemplo em que um vendedor de lanches tem como opção montar sua barraca de lanches perto de duas arenas esportivas em uma mesma cidade. O vendedor pretende manter as vendas ativas durante 4 meses e considera a TMA de 1% ao mês. O fluxo de caixa da barraca de lanches próximo das Arenas A e B estão ilustrados na Tabela 2.3.

Tabela 2.3 – Exemplo para o caso de análise incremental

Período	Perto da arena A	Perto da arena B
0	-R$ 9.500,00	-R$ 16.000,00
1	R$ 2.000,00	R$ 4.500,00
2	R$ 2.500,00	R$ 4.500,00
3	R$ 3.000,00	R$ 4.500,00
4	R$ 3.500,00	R$ 4.500,00

Fonte: Elaborada pelos autores.

Pelo método do VPL, vamos encontrar para alternativa perto da arena A, um resultado de VPL de R$ 1.206,14 e uma TIR de 5,6% ao mês. Para a alternativa perto da arena B, teremos um VPL de R$ 1.558,84 e uma TIR de 4,9% ao mês. Ou seja, podemos observar que o VPL de instalar a barra próximo da arena B é superior ao VPL de instalar perto da arena A. Porém, sem realizar a análise incremental, observa-se que a TIR de instalar próximo da arena A é superior.

Dessa forma, se o vendedor quiser considerar o critério da TIR, terá que recorrer ao uso da análise incremental para tomar a decisão corretamente. O fluxo diferença para realizar a análise incremental deve ser a diferença entre o fluxo de caixa da alternativa de maior investimento (instalar a barraca de lanches próximo da arena B) e a de menor investimento, conforme a Tabela 2.4:

Tabela 2.4 – Fluxo da diferença entre as alternativas

Período	Fluxo diferença (B-A) (R$)
0	-6.500,00
1	2.500,00
2	2.000,00
3	1.500,00
4	1.000,00

Fonte: Elaborada pelos autores.

Agora, temos um VPL positivo no valor de R$ 352,71 e uma TIR de 3,6% ao mês, que é superior à TMA de 1% ao mês. Os dois critérios de decisão agora indicam que o investimento adicional na alternativa de instalar a barra perto da arena B é financeiramente mais vantajoso.

2.8 – Alternativas com vidas diferentes

Em determinadas situações, a tomada de decisão envolve a escolha entre propostas de investimentos com diferentes horizontes de planejamento. Por exemplo, vamos supor que uma empresa está estudando duas propostas de investimento com duração de 4 anos e 8 anos. Neste caso, a principal questão que permeia a tomada de decisão é a seguinte: como será aplicado o capital disponível depois do término do projeto mais curto, durante o período compreendido entre os términos de ambos os projetos?

Para realizar a tomada de decisão, é necessário que todas as consequências das alternativas sejam levadas para um horizonte de planejamento em comum. Assim, vamos supor que a alternativa mais curta pode ser substituída ao final de 4 anos por outra idêntica.

O procedimento adotado para o caso de comparação de alternativas com vidas diferentes é o seguinte:

1) Calcula-se o mínimo múltiplo comum (MMC) das vidas das alternativas comparadas;
2) Repetem-se os fluxos de caixa tantas vezes até atingir esse tempo.

Dessa forma, são comparadas alternativas de diferentes durações, em uma base temporal uniforme.

Para um melhor entendimento, vamos a um exemplo em que a tomada de decisão é a escolha entre dois equipamentos com tempos de vida diferentes – um com vida econômica de 2 anos e outro de 3 anos. Sabe-se que uma empresa considera uma TMA de 10% ao ano, e esses equipamentos poderão proporcionar as economias no fluxo de caixa de uma empresa, ilustradas na Figura 2.16.

Figura 2.16 – Exemplo de alternativas com vidas diferentes

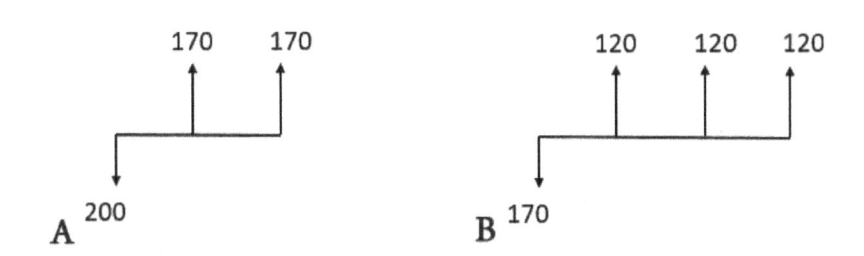

Fonte: Elaborada pelos autores.

Se os fluxos de caixa das alternativas fossem comparados sem igualar os horizontes de planejamento em um período em um comum, obteríamos, para a alternativa com 2 anos de vida, um VPL de R$ 95,04 e um VAUE de R$ 54,76. Para a alternativa com 3 anos de vida, seria obtido um VPL de R$ 128,42 e um VAUE de R$ 51,64. Observa-se que, pelo VPL, seria preferível a alternativa com 3 anos de vida, e, pelo VAUE, a alternativa com 2 anos de vida.

Agora vamos resolver o problema, utilizando o procedimento correto, que é comparar os fluxos de caixa, considerando um horizonte de planejamento em comum. O primeiro passo é estimar o MMC, que, neste caso, resultará em 6 anos. Em seguida, repetimos os fluxos de caixa para cada alternativa, tantas vezes até chegar ao final de 6 anos, conforme ilustrado na Figura 2.17.

Figura 2.17 – Fluxo de caixa de alternativas após repetição de fluxos de caixa

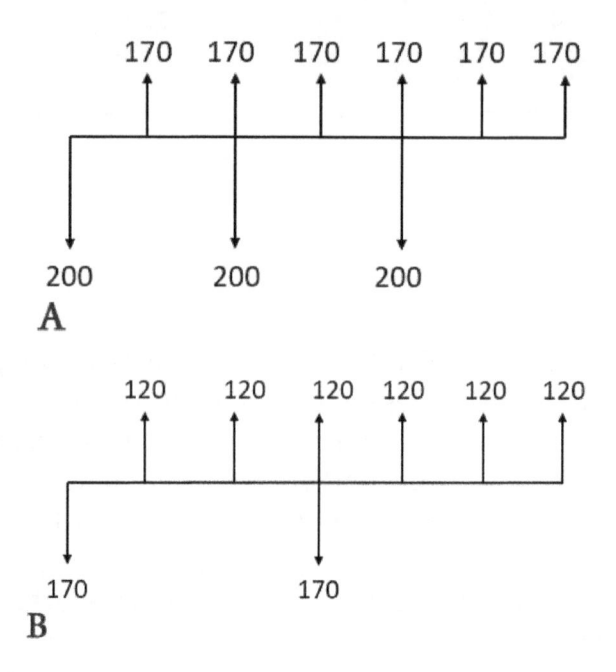

Fonte: Elaborada pelos autores.

Também podemos representar melhor o saldo do fluxo de caixa em cada período para as duas alternativas, conforme Tabela 2.5.

Tabela 2.5 – Fluxos de caixa das alternativas após repetições

Período	Alternativa A (R$)	Alternativa B (R$)
0	-200,00	-170,00
1	170,00	120,00
2	-30,00	120,00
3	170,00	-50,00

Período	Alternativa A (R$)	Alternativa B (R$)
4	-30,00	120,00
5	170,00	120,00
6	170,00	120,00

Fonte: Elaborada pelos autores.

Considerando os fluxos de caixa no horizonte de 6 anos, encontramos para a alternativa com 2 anos de vida um VPL de R$ 238,50 e um VAUE de R$ 54,76. Para a alternativa com 3 anos de vida, temos um VPL de R$ 224,91 e um VAUE de R$ 51,64. Agora sim, tanto o VPL quanto o VAUE indicam que a melhor alternativa é a que apresenta 2 anos de vida.

Também observamos que os resultados de VAUE obtidos para os fluxos de caixa com repetição são idênticos para os resultados, considerando o fluxo de caixa sem repetição. Isso acontece porque o método do VAUE já considera implicitamente a repetição do investimento, tornando desnecessária a repetição do fluxo de caixa.

2.9 – Existência de restrição financeira

Outra situação que envolve a comparação de alternativas de investimento é o caso em que uma ou mais alternativas podem ser aceitas, mas, devido às limitações orçamentárias, nem todas as alternativas podem ser aceitas. É bastante comum as empresas elaborarem no início do ano um orçamento de capital, em que frequentemente é indicada uma limitação de recursos para financiar todas as solicitações provenientes de diversos departamentos.

A existência de restrições financeiras coloca a alta administração diante da necessidade de selecionar um conjunto de alternativas de investimento, dentro do limite orçamentário, que seja economicamente mais interessante. Para um melhor entendimento, vejamos o seguinte exemplo: uma rede de padaria dispõe de alternativas de investimento na abertura de filiais. Vejamos o seguinte exemplo (Tabela 2.6).

Tabela 2.6 – Alternativas de investimentos da rede de padaria

Alternativa	Investimento inicial (R$)	Benefícios anuais (R$)
A	200.000	32.000
B	400.000	62.000
C	1.000.000	150.000

Fonte: Elaborada pelos autores.

No exemplo ilustrado na Tabela 2.6, a vida econômica de cada proposta é de 10 anos, e considera-se uma TMA de 7% ao ano. O orçamento disponível para investimentos é de R$ 1.500.000. Os fluxos de caixa de cada alternativa podem ser projetados conforme descrito na Tabela 2.7.

Tabela 2.7 – Fluxo de caixa das alternativas de investimento da rede de padaria

Período	A	B	C
0	-R$ 200.000,00	-R$ 400.000,00	-R$ 1.000.000,00
1	R$ 32.000,00	R$ 62.000,00	R$ 150.000,00
2	R$ 32.000,00	R$ 62.000,00	R$ 150.000,00
3	R$ 32.000,00	R$ 62.000,00	R$ 150.000,00
4	R$ 32.000,00	R$ 62.000,00	R$ 150.000,00

Período	A	B	C
5	R$ 32.000,00	R$ 62.000,00	R$ 150.000,00
6	R$ 32.000,00	R$ 62.000,00	R$ 150.000,00
7	R$ 32.000,00	R$ 62.000,00	R$ 150.000,00
8	R$ 32.000,00	R$ 62.000,00	R$ 150.000,00
9	R$ 32.000,00	R$ 62.000,00	R$ 150.000,00
10	R$ 32.000,00	R$ 62.000,00	R$ 150.000,00

Fonte: Elaborada pelos autores.

Dessa forma, temos os seguintes resultados de VPL para cada alternativa, ilustrados na Tabela 2.8.

Tabela 2.8 – Resultados de VPL para cada alternativa de investimento

Alternativa	VPL (R$)
A	24.754,61
B	35.462,06
C	53.537,23

Fonte: Elaborada pelos autores.

Vamos analisar a soma do VPL para todas as combinações possíveis, ilustradas na Tabela 2.9, ainda sem considerar a restrição orçamentária:

Tabela 2.9 – Conjunto de alternativas de investimento para o caso com restrição orçamentária

Conjunto de alternativas	Investimento inicial (R$)	VPL (R$)
A + B	600.000	60.217
A + C	1.200.000	78.292
B + C	1.400.000	88.999
A + B + C	1.600.000	113.754

Fonte: Elaborada pelos autores.

Observa-se que, se não existisse o limite orçamentário de R$ 1.500.000 para a realização de investimentos, seria escolhido o conjunto de alternativas A, B e C. Entretanto, devido à restrição orçamentária, a melhor combinação possível de ser escolhida é a das alternativas B e C, que resulta em um VPL de R$ 88.999.

2.10 – Comparações envolvendo vida perpétua

Quando temos a comparação entre alternativas de investimentos, em que uma das alternativas apresenta vida infinita (ou perpétua), o MMC entre os tempos de vida das alternativas é a própria perpetuidade. No caso de fluxos de caixa de alternativas com vida infinita, o valor presente líquido é calculado pela própria relação de equivalência entre as parcelas de uma série uniforme equivalente e o valor presente, descontando-se o valor do investimento realizado na data zero. Abaixo, segue o cálculo da estimativa:

$$VPL = FC_0 + \frac{PGTO}{i} \qquad (2.5)$$

Vamos supor que um investidor esteja em dúvida quanto a investir em um apartamento que será utilizado para alugar para terceiros, com as seguintes características:

- Investimento inicial: R$ 100.000;
- Vida do projeto: infinita;
- Valor mensal do aluguel menos os gastos do proprietário: R$ 1.300;
- TMA: 1% ao mês.

Dessa forma, temos o seguinte VPL:

$$VPL = -100.000 + \frac{1.300}{0,01}$$

VPL = 30.000

Vamos, ainda, supor que o investidor tivesse à disposição uma outra alternativa de investimento, que seria um projeto de uma loja, com prazo de 60 meses e as seguintes características:

- Investimento inicial: R$ 75.000;
- Valor dos recebimentos menos os gastos: R$ 1.000;
- TMA: 1% ao mês.

Neste caso, temos que repetir o fluxo de caixa desse investimento para a perpetuidade. Ou seja, além dos fluxos de caixa de R$ 1.800 até a perpetuidade, devemos considerar que, a cada 60 meses, é feito o reinvestimento dos R$ 75.000 também até a perpetuidade.

Para calcular o valor presente desses reinvestimentos, devemos calcular a taxa equivalente de 1% ao mês para uma taxa a cada 60 meses:

$$i_{\text{a cada 60 meses}} = (1 + i_{\text{a.m}})^{60} - 1$$

$$i_{\text{a cada 60 meses}} = 81,67\%$$

Assim, temos o seguinte VPL:

$$VPL = \frac{1.800}{0,01} + \frac{-75.000}{0,8167} - 75.000$$

VPL = R\$ 88.167,01 – R\$ 75.000 = R\$ 13.167,01

Neste caso, observa-se que o VPL de se investir no apartamento para locação é superior ao VPL do projeto da loja e, portanto, mais atrativo financeiramente para o investidor.

Agora, se a segunda alternativa tivesse a possibilidade de venda da loja após 60 meses por um valor de R\$ 100.000, o VPL do projeto seria calculado assim:

$$VPL = \frac{1.000}{0,01} + \frac{-75.000 + 100.000}{0,8167} - 75.000$$

VPL = R\$ 55.611,00

Neste caso, a alternativa do projeto da loja tem o VPL de R\$ 55.611,00, e, portanto, superior ao VPL do investimento no apartamento, tornando-se mais atrativo financeiramente para o investidor.

2.11 – Exercícios

1) Calcule o *payback* simples e o descontado, considerando uma taxa de desconto de 10% ao ano, para o seguinte fluxo de caixa de quatro anos:

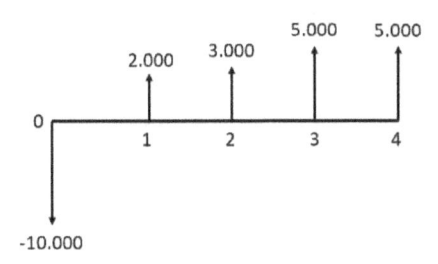

2) Um empresário pretende investir no ramo hoteleiro e dispõe de duas alternativas de investimento no interior de Minas Gerais. Uma é a construção de um hotel na cidade de Guaxupé, e a outra é construí-lo na cidade de Lavras. Considera-se um horizonte de planejamento de 15 anos e uma TMA de 10% ao ano, e as informações abaixo sobre o fluxo de caixa para cada alternativa. Indique qual é mais atrativa economicamente. Utilize o critério do VPL e do VAUE.

Alternativa	Investimento (R$)	Saldo anual de fluxo de caixa (R$)
Guaxupé	80.000,00	42.000,00
Lavras	100.000,00	53.000,00

3) Um sistema de geração fotovoltaica, com telhados solares com tempo de vida de 10 anos, tem um investimento de R$ 48.000,00 em uma região do estado de Mato Grosso e proporciona uma economia média anual de R$ 8.000,00 na conta de energia. Já em uma região do estado de Goiás, devido a isenções fiscais para a produção de telhas solares, o mesmo sistema é mais barato e exige um investimento de R$ 40.000,00, entretanto a economia média anual é de R$ 7.000,00.

Considerando uma TMA de 5% ao ano e baseando-se no critério de decisão da Taxa Interna de Retorno (TIR) incremental, em qual região é mais viável a instalação do sistema de telhas solares?

4) Duas tecnologias estão sendo consideradas por um hospital para realização de exames. O equipamento Alfa exige um investimento inicial de R$ 1.000.000,00 e proporciona uma economia anual de R$ 400.000,00, apresentando vida econômica de 4 anos e um valor residual de R$ 100.000,00 ao final do quarto ano. Por sua vez, o equipamento Beta exige um investimento inicial de R$ 900.000,00 e proporciona uma economia anual de R$ 300.000,00, apresentando vida econômica de 6 anos e um valor residual de R$ 80.000,00 ao final do sexto ano.

Comparando os valores presentes líquidos, usando uma TMA de 10% ao ano, qual é a alternativa mais atrativa, ou seja, a menos custosa? Calcule pelos critérios do VPL e VAUE.

5) Quatro projetos independentes (A, B, C e D) estão disponíveis para aplicação de recursos.

Anos	A	B	C	D
0	-R$ 5.000,00	-R$ 10.000,00	-R$ 15.000,00	-R$ 20.000,00
1	R$ 1.300,00	R$ 1.500,00	R$ 6.300,00	R$ 7.100,00
2	R$ 1.300,00	R$ 1.500,00	R$ 6.300,00	R$ 7.100,00
3	R$ 1.300,00	R$ 1.500,00	R$ 6.300,00	R$ 7.100,00
4	R$ 11.300,00	R$ 13.500,00	R$ 11.300,00	R$ 12.600,00

a) Considerando uma TMA de 10% ao ano e a disponibilidade de R$ 15.000,00, quais projetos devem ser escolhidos?

b)Considerando uma TMA de 12% ao ano e a disponibilidade de R$ 25.000,00, quais projetos devem ser escolhidos?

6) Uma empresa de geração de energia elétrica está considerando duas alternativas de investimento. A primeira é a cons-

trução de uma hidrelétrica no valor de R$ 250.000,00 e um custo de operação e manutenção de R$ 5.000.000,00 ao ano, com o tempo de vida considerado infinito. A segunda alternativa é o investimento em uma termoelétrica que utiliza gás natural no valor de R$ 50.000,00 e custo de operação e manutenção de R$ 7.000.000,00 ao ano, com tempo de vida de 20 anos. Considerando a TMA de 10% ao ano, responda qual é a alternativa mais vantajosa financeiramente.

3 – Projeção de fluxo de caixa considerando depreciação e tributos

3.1 – Tipos de tributos

Os tributos podem ser definidos como toda prestação pecuniária compulsória, em moeda, podendo ser classificado nas seguintes espécies:

- Impostos: são tributos devidos independentemente de qualquer contraprestação específica por parte do estado.
- Taxas: são tributos devidos em função do exercício regular do poder de polícia ou da utilização de um serviço público específico.
- Contribuições: são tributos que podem ser em função de melhorias sociais, intervenção no domínio público, de interesse de categorias profissionais, para custeio de sistemas de previdência e assistência social.

Os principais tipos de tributos cobrados sobre pessoas jurídicas no Brasil estão resumidos no Quadro 3.1.

Quadro 3.1 – Tipos de tributos

Tributo	Descrição
Imposto sobre Produtos Industrializados (IPI)	É um tributo de competência da União. Segue o princípio da não cumulatividade, ou seja, a compensação dos créditos dos impostos pagos na aquisição de mercadorias e insumos com o imposto devido.
Imposto sobre a Circulação de Mercadorias e Serviços (ICMS)	É um tributo de competência dos estados e do Distrito Federal. Sendo que a alíquota pode variar para diferentes operações e estados
Imposto sobre Serviços de Qualquer Natureza (ISSQN)	É de competência dos municípios e do Distrito Federal. Com alíquotas geralmente variando entre 2% e 5%.
PIS/PASEP e COFINS	Trata-se de contribuições para o programa de integração social/contribuição para a formação do patrimônio do servidor público e para o financiamento da seguridade social.
Imposto de Renda sobre Pessoa Jurídica e Contribuição Social sobre o Lucro Líquido (IRPJ/CSLL)	Incidem sobre o lucro tributável, e não sobre as receitas, como os tributos anteriormente descritos.

Fonte: Elaborado pelos autores.

Os impostos IPI, ICMS, ISSQN e, também, as contribuições PIS e COFINS, serão gradualmente substituídas pelos tributos IBS (Imposto sobre Bens e Serviços) e CBS (Contribuição sobre Bens e Serviços). Essa transição ocorrerá até 2033, quando a reforma entrará integralmente em vigor.

3.2 – Demonstrações contábeis

Para elaborar a projeção do Fluxo de Caixa que será utilizado nas avaliações econômicas, deve-se levar em conta os tributos e sua redução devido aos efeitos da depreciação. Dessa forma, é necessário o entendimento de alguns conceitos básicos sobre contabilidade. Nesse sentido, as demonstrações contábeis representam de forma estruturada a posição patrimonial e financeira de uma empresa ou qualquer outra entidade. Entre as demonstrações contábeis nas quais nos concentraremos neste momento estão o balanço patrimonial e a demonstração de resultados do exercício (DRE).

O balanço patrimonial contém as informações sobre os ativos (circulantes e não circulantes), passivos (circulantes e não circulantes) e o patrimônio líquido dos acionistas. Vale destacar que o total de ativos corresponde à soma dos passivos com o patrimônio líquido. Na Figura 3.1, é ilustrada a estrutura básica de um balanço patrimonial.

Figura 3.1 – Exemplo de balanço patrimonial

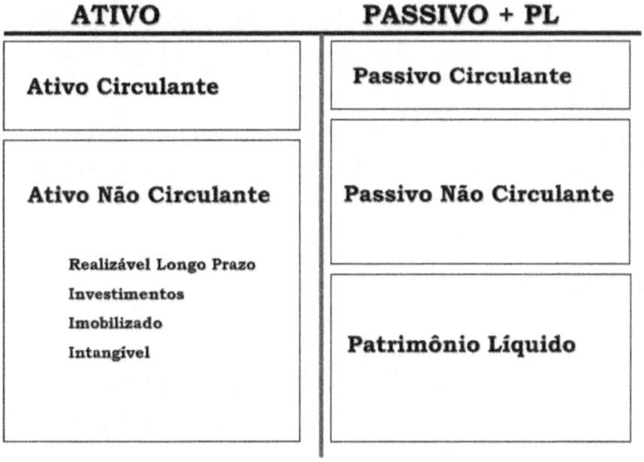

ATIVO	PASSIVO + PL
Ativo Circulante	Passivo Circulante
Ativo Não Circulante	Passivo Não Circulante
Realizável Longo Prazo Investimentos Imobilizado Intangível	Patrimônio Líquido

Fonte: Elaborada pelos autores.

No balanço patrimonial, mais especificamente no grupo dos ativos não circulantes, temos o subgrupo de ativos imobilizados que é registrado no balanço patrimonial de uma empresa por meio de seu custo de aquisição. Esse custo pode ser tanto o que foi pago pelo ativo quanto o seu custo de fabricação. No caso da compra de terceiros, o custo de aquisição é normalmente constituído por: valor da compra, gastos com o frete, prêmio de seguro pelo transporte, gastos com a instalação e gastos necessários para a transferência do bem.

Devido à infinidade de tipos de ativos não circulantes, costuma-se agrupá-los em contas, que indicam com razoável precisão a natureza dos bens nelas registrados. Os bens tangíveis são aqueles que existem fisicamente, podendo ser vistos, tocados e sentidos. Entre os principais bens tangíveis, podemos mencionar: terrenos, edificações, máquinas e equipamentos; veículos; e móveis e utensílios. É válido destacar que esses bens são considerados ativos imobilizados apenas se forem destinados à manutenção das atividades da entidade.

São ativos intangíveis, por exemplo, marcas, patentes, direitos de concessão, direitos de exploração, direitos de franquia, direitos autorais, gastos com desenvolvimento de novos produtos e ágio por expectativa de resultado futuro. Ou seja, são ativos que a empresa tem, mas que não existem fisicamente.

Por sua vez, a DRE consiste em um relatório contábil que registra se as operações de uma empresa, em determinado período, estão gerando lucro ou prejuízo. Na Figura 3.2, é ilustrado um exemplo de DRE.

Figura 3.2 – Exemplo de DRE

Receita bruta de vendas
- Tributos incidentes sobre vendas (ICMS, ISS, PIS, COFINS, outros)

Receita de venda de bens e serviços (*net sales*)
- Custo dos bens e/ou serviços vendidos (MP, MOD, CIP)*
- Despesa de depreciação

Resultado bruto (*gross profit*)
- Despesas operacionais
- Despesas com vendas
- Despesas administrativas
- Outras despesas e receitas operacionais
- Despesa de depreciação

Resultado antes dos resultados financeiros e tributos (EBIT)**
+ Receitas financeiras
- Despesas financeiras

Lucro antes dos tributos sobre o lucro (EBT)***
- Tributos sobre o lucro (IRPJ / CSLL)****

Resultado líquido das operações continuadas
(+/-) Resultado das operações descontinuadas
(por exemplo: ganho ou perda na venda de ativos imobilizados menos seus tributos)

Lucro líquido do período

Fonte: Elaborada pelos autores.

3.3 – Depreciação

A despesa de depreciação representa o desgaste ou obsolescência natural do ativo imobilizado ao longo do tempo e se caracteriza como uma despesa sem desembolso. Do ponto de vista econômico, este é o conceito que deve ser considerado em análises de investimentos, visto que a depreciação não é considerada como um gasto, mas uma fonte de recursos para a operação da entidade que poderá ser utilizada a critério da administração.

No balanço patrimonial, os ativos imobilizados serão registrados pelo valor de aquisição, deduzido o saldo da respectiva conta de depreciação acumulada periodicamente. As depreciações são registradas a cada período em contas específicas acumuladoras de saldo de depreciação acumulada, e, em contrapartida, o valor total da depreciação no período é computado como despesa operacional na DRE. Na Figura 3.3 e na Figura 3.4, exemplifica-se como a depreciação é contabilizada no balanço patrimonial e na DRE, respectivamente.

Figura 3.3 – Contabilização da depreciação no balanço patrimonial

Não Circulante	
Imobilizado	
Edificações	**60.000**
Máquinas e Equipamentos	**20.000**
Móveis e Utensílios	**5.000**
Veículos	**15.000**
	100.000
Depreciação acumulada	**(20.000)**
	80.000

Fonte: Elaborada pelos autores.

Figura 3.4 – Contabilização da depreciação na DRE

DRE

(+) Receita Bruta	**1.000**
(-) Tributos Sobre as Vendas	(120)
(=) Receita Líquida	**880**
(-) Custo dos Produtos Vendidos (CPV)	(350)
(=) Resultado Bruto	**530**
(-) Despesas Operacionais	(180)
(-) Outras Despesas e Receitas Operacionais	10
(-) Depreciação	(100)
(=) Resultados antes de IRPJ/CSLL	**260**
(-) IRPJ/CSLL	(40)
(=) Lucro Líquido	**220**

Fonte: Elaborada pelos autores.

Observa-se, a partir da Figura 3.3, que o valor contábil dos ativos imobilizados é igual ao valor dos custos de aquisição subtraído da depreciação acumulada no período. É válido destacar que, em algumas situações, pode ocorrer a baixa do ativo imobilizado, como nos casos de venda ou cessação de utilidade do ativo para a entidade.

Se o ativo for vendido, o resultado contábil (lucro ou prejuízo) será igual ao valor da venda menos o valor contábil no período. Caso o valor contábil seja nulo no período em que ocorre a venda, o valor da venda será o lucro da transação. Por sua vez, se a baixa do ativo ocorrer por cessação de utilidade, e ainda assim tiver valor contábil no período, este será o valor da perda que irá para a DRE do período.

3.4 – Principais métodos de depreciação

Existem diversos métodos de depreciação, dos quais podem ser mencionados, entre os principais, o método linear e o da soma dos dígitos. No Brasil, o método mais utilizado é o da depreciação linear, em que a despesa anual de depreciação pode ser expressa pela seguinte fórmula:

$$d = \frac{C_0}{N}$$

(3.1)

em que: d é a despesa de depreciação; C_0 é o custo inicial de aquisição; e N é a vida contábil.

A taxa de depreciação pode ser calculada por:

$$T = \frac{100}{N}$$

(3.2)

em que T é a taxa de depreciação (%).

Como exemplo, vamos supor um ativo imobilizado com custo de aquisição de R$ 1.000,00 e com vida contábil de 10 anos; aqui teremos uma taxa de depreciação de 10% ao ano (T = 100/10). Neste caso, teremos a despesa de depreciação anual de R$ 100,00 por ano (d = 1.000/10). Na Tabela 3.1, está descrita a evolução da depreciação anual, da depreciação acumulada e do valor contábil no método linear.

Tabela 3.1 – Exemplo de cálculo de depreciação e valor contábil pelo método linear

Anos	Depreciação anual (R$)	Depreciação acumulada (R$)	Valor contábil (R$)
0			1.000,00
1	100,00	100,00	900,00
2	100,00	200,00	800,00
3	100,00	300,00	700,00

Anos	Depreciação anual (R$)	Depreciação acumulada (R$)	Valor contábil (R$)
4	100,00	400,00	600,00
5	100,00	500,00	500,00
6	100,00	600,00	400,00
7	100,00	700,00	300,00
8	100,00	800,00	200,00
9	100,00	900,00	100,00
10	100,00	1.000,00	0,00

Fonte: Elaborada pelos autores.

Na Figura 3.5, temos a ilustração da redução linear do valor contábil do ativo imobilizado, típico do método de depreciação linear.

Figura 3.5 – Exemplo de evolução do valor contábil do ativo na depreciação linear

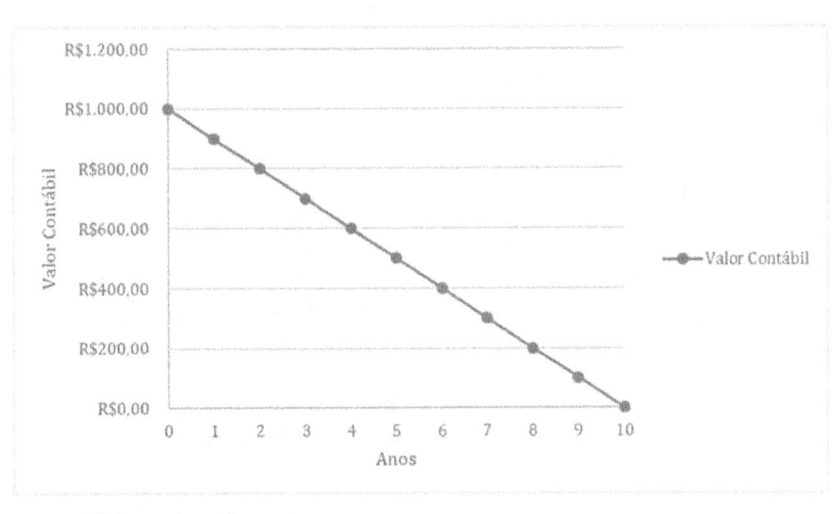

Fonte: Elaborada pelos autores.

No Brasil, as taxas limites de depreciação anual para ativos imobilizados são fixadas pela Instrução Normativa n° 1.700, de 14/03/2017, da Secretaria da Receita Federal. Resumidamente, as taxas de depreciação fixadas para as principais classes de ativos imobilizados estão ilustradas na Tabela 3.2. Existem casos de alguns ativos imobilizados que não são depreciáveis. Entre os principais, estão: terrenos, obras de arte e antiguidades.

Tabela 3.2 – Taxa de depreciação para as principais classes de ativos imobilizados

Item	Taxa anual	Anos de vida contábil
Edificações	4%	25
Instalações	10%	10
Máquinas e equipamentos	10%	10
Móveis e utensílios	10%	10
Veículos	20%	5
Sistema de processamento de dados	20%	5

Fonte: Elaborada pelos autores.

As taxas exemplificadas na Tabela 3.1 são cargas máximas de depreciação anual, permitidas para os ativos descritos. Obedecidos esses limites, a legislação permite a utilização de qualquer método de depreciação. Entretanto, deve ser observado se os limites permitidos pelo governo levam a uma depreciação mais demorada se forem utilizados métodos diferentes da depreciação linear.

Outro aspecto importante a ser analisado é a escolha da data a partir da qual se inicia a depreciação do ativo. Normalmente a depreciação se inicia a partir da data em que o ativo entrar em funcionamento. Porém, nos casos em que for adquirido para uso posterior, a depreciação não deverá ser computada durante o período de inatividade, salvo se houver possibilidade de erosão, obsolescência ou de outro fator que determine o imediato início de depreciação.

Para ativos usados, a taxa de depreciação será fixada tendo em vista o maior prazo entre:

- Metade da vida útil admissível para um ativo novo;
- Restante da vida útil considerada em relação à primeira instalação.

Nos casos em que um ativo imobilizado é utilizado em mais de um turno de trabalho, pode-se usufruir a depreciação acelerada. Para tanto, deve ser comprovada a atividade operacional dos equipamentos fixos em mais de um turno de trabalho (8 horas ao dia). Nesses casos, poderá ser aplicado o coeficiente de aceleração sobre a taxa de depreciação normal, com a finalidade de reduzir a vida contábil do ativo. Os coeficientes de aceleração são os seguintes:

- 1 turno de 8 horas ao dia: 1,0.
- 2 turnos de 8 horas ao dia: 1,5.
- 3 turnos de 8 horas ao dia: 2,0.

No Brasil, a legislação ainda prevê que, para bens que operam em condições ambientais desfavoráveis, é possível serem utilizadas taxas de depreciação maiores. Para tanto, deve haver solicitação corroborada por laudo técnico emitido pelo Instituto Nacional de Tecnologia.

Por sua vez, o método de depreciação da soma dos dígitos considera uma carga de depreciação anual maior nos anos iniciais, que descreve ao passo em que avança a vida contábil do ativo imobilizado. Por exemplo, para uma vida contábil de 5 anos, a soma dos dígitos (SD) é a seguinte:

$$1 + 2 + 3 + 4 + 5 = 15$$

Dessa forma, na Equação 3.3, podemos escrever a fórmula a soma dos dígitos:

$$SD = \frac{N(N+1)}{2} \qquad (3.3)$$

sendo, N = vida contábil do ativo imobilizado; SD = soma dos dígitos.

A despesa de depreciação em um determinado período n pode ser dada por:

$$d_n = \left[\frac{N - (n - 1)}{SD}\right] \times (C_0 - R) \qquad (3.4)$$

em que: d_n é a despesa de depreciação no período n; C_0 = valor de aquisição do ativo imobilizado; R é o valor residual do ativo.

Como exemplo, vamos supor novamente o mesmo ativo imobilizado do exemplo ilustrado no caso da depreciação linear, com custo de aquisição de R$ 1.000,00 e com vida contábil de 10 anos. Neste caso, a SD será igual a 55 (SD = 10x(10+1)/2).

Aplicando a fórmula da Equação 3.4, teremos as depreciações anuais, acumuladas e o valor contábil para o ativo ilustrados na Tabela 3.3.

Tabela 3.3 – Exemplo de cálculo de depreciação e valor contábil pelo método da soma dos dígitos

Anos	Depreciação anual (R$)	Depreciação acumulada (R$)	Valor contábil (R$)
0			1.000,00
1	181,82	181,82	818,18
2	163,64	345,45	654,55
3	145,45	490,91	509,09

Anos	Depreciação anual (R$)	Depreciação acumulada (R$)	Valor contábil (R$)
4	127,27	618,18	381,82
5	109,09	727,27	272,73
6	90,91	818,18	181,82
7	72,73	890,91	109,09
8	54,55	945,45	54,55
9	36,36	981,82	18,18
10	18,18	1.000,00	0,00

Fonte: Elaborada pelos autores.

Graficamente, podemos observar pela Figura 3.6 que valor contábil decresce mais rapidamente nos primeiros anos, quando se utiliza o método da soma dos dígitos.

Figura 3.6 – Exemplo de evolução do valor contábil pelo método da soma dos dígitos

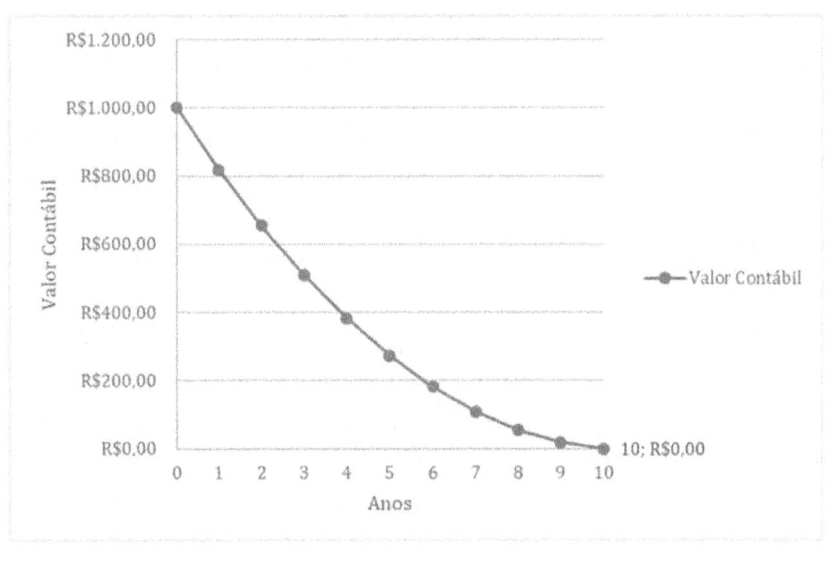

Fonte: Elaborada pelos autores.

3.5 – Influência do IRPJ/CSLL na projeção do Fluxo de caixa livre

Tanto para pessoas físicas quanto para pessoas jurídicas, o que importa é o quanto se ganha após o pagamento de tributos. A cobrança dos tributos representa um ônus real, que reduz os fluxos monetários de cada investimento, e muitas vezes transforma projetos rentáveis em não rentáveis, principalmente quando se leva em consideração a dedução do Imposto de Renda sobre Pessoa Jurídica (IRPJ) e da Contribuição Social sobre o Lucro Líquido (CSLL) nos fluxos de caixa de uma análise econômica de investimentos.

Diferentemente dos tributos proporcionais à receita, o IRPJ/CSLL incide sobre o lucro tributável de uma entidade, o qual, por sua vez, é influenciado pela contabilidade da depreciação. Como vimos, a depreciação representa o desgaste de ativos imobilizados, que futuramente precisarão ser repostos para a continuidade das operações. Por essa razão, a legislação tributária leva em consideração a obsolescência desses ativos, permitindo que as entidades deduzam de seu lucro anual a correspondente carga de depreciação para fins de cálculo de IRPJ/CSLL.

De acordo com a legislação em vigor, o IRPJ é apurado a partir de uma alíquota de 15% sobre o lucro tributável da empresa. Para lucros tributáveis acima de R$ 240.000,00 por ano, é aplicada uma taxa de 10% sobre o lucro que excede esse limite. Também incide sobre o lucro tributável a CSLL, cuja alíquota é de 9% sobre o lucro tributável.

Para entidades com faturamento anual abaixo de R$ 78.000.000,00 por ano, pode ser aplicável o regime de tributação por lucro presumido. Esse regime é uma simplificação do lucro real, em que a base de cálculo para a maioria das atividades é de 8% sobre a receita bruta, com as seguintes exceções: 1,6% para comércio de derivados de petróleo; 16% para serviços de transporte; 32% para serviços em geral.

Nos problemas que iremos analisar, será considerado o regime de tributação por lucro real, em que a depreciação é essencial na base de cálculo do IRPJ/CSLL. A grande vantagem da depreciação é que, como ela entra nas despesas na demonstração de resultados, automaticamente ela diminui os lucros tributáveis e, consequentemente, o valor a ser pago de IRPJ/CSLL.

É válido relembrar que a depreciação é uma despesa que não representa saída de caixa, ou seja, o investidor não paga periodicamente um boleto referente a uma despesa de depreciação. Dessa forma, como a depreciação tem como objetivo o efeito de abatimento do lucro tributável, após o cálculo e a incidência do IRPJ/CSLL deveremos somar a depreciação novamente para obter o fluxo de caixa.

Assim, para entendermos como o fluxo de caixa líquido é obtido, vamos considerar o seguinte exemplo da aquisição de um equipamento por uma empresa: um investimento de R$ 60.000,00 em um equipamento proporcionará redução nos desembolsos anuais de R$ 20.000,00. A vida econômica do equipamento é de 5 anos, após a qual o equipamento será vendido por R$ 19.000,00. Como o equipamento será utilizado em dois turnos, sua taxa máxima de depreciação é de 15 %; vamos calcular a TIR do investimento antes e após o IRPJ/CSLL. A alíquota de IRPJ/CSLL é de 34%. A taxa mínima de atratividade da empresa, após os impostos, é de 18 % ao ano.

Para a resolução deste exemplo, inicialmente vamos montar o fluxo de caixa do investimento durante os 5 anos de vida econômica do equipamento, porém ainda sem considerar o valor residual no 5° ano. Na Tabela 3.4, temos o fluxo de caixa ainda sem o valor residual no 5° ano.

Tabela 3.4 – Fluxo de caixa sem o valor residual no 5° ano (valores em R$)

Ano	0	1	2	3	4	5
Redução nos custos		20.000	20.000	20.000	20.000	20.000
(-) Depreciação		-9.000	-9.000	-9.000	-9.000	-9.000
(=) Lucro antes do IRPJ/CSLL		11.000	11.000	11.000	11.000	11.000
(-) IRPJ/CSLL		-3.740	-3.740	-3.740	-3.740	-3.740
(=) Lucro depois do IRPJ/CSLL		7.260	7.260	7.260	7.260	7.260
(+) Depreciação		9.000	9.000	9.000	9.000	9.000
(-) Investimentos	-60.000					
(+) Valor residual						
(=) Fluxo de caixa líquido	-60.000	16.260	16.260	16.260	16.260	16.260

Fonte: Elaborada pelos autores.

Para obter o valor residual ao final do 5°, devemos:
1) Calcular a depreciação acumulada até o 5° ano, que é a data prevista para a venda do ativo;
2) Calcular o valor contábil, deduzindo a depreciação acumulada do valor de aquisição;
3) Calcular o resultado da venda do ativo, conhecido como ganho de capital;
4) Calcular os tributos sobre o ganho de capital (IRPJ/CSLL);
5) Calcular o valor residual depois dos tributos.

Para o primeiro passo, a depreciação acumulada até o 5° ano, teremos que multiplicar 5 vezes o valor de R$ 9.000,00, que resultará em R$ 45.000,00. O valor de aquisição de R$ 60.000,00 deduzido dos R$ 45.000,00 da depreciação acumulada até o 5° ano resultará em R$ 15.000,00 de valor contábil no 5° ano.

Com posse do valor contábil no 5° ano, agora será estimado o ganho de capital. Esse ganho será a diferença entre o valor de revenda, igual a R$ 19.000,00 menos o valor contábil no 5° ano, igual a R$ 15.000,00, o que resultará em um ganho de capital de R$ 4.000,00.

Fazemos a diferença entre o valor de revenda e o valor contábil para o cálculo do ganho de capital, pois, ao vendermos um ativo que ainda não esgotou sua vida contábil, estamos renunciando a um ativo que poderia proporcionar abatimentos no valor do lucro tributável e, consequentemente, no valor que pagaríamos de IRPJ/CSLL.

Sobre o ganho de R$ 4.000,00 obtido com a revenda do equipamento no 5° ano, vamos supor uma alíquota de 34% para contabilizar a cobrança do IRPJ/CSLL (a alíquota pode variar de 15% até 34%, de acordo com o valor da alienação e da forma como o ativo foi registrado). Dessa maneira, obtém-se o valor de R$ 1.360,00 em tributos. Esse valor será descontado do valor de revenda do equipamento de R$ 19.000,00, e, em seguida, será obtido o valor de revenda após os tributos relativos a essa venda, no valor de R$ 17.640,00.

Portanto, na Tabela 3.5, agora temos o valor residual após os tributos adicionados no final do 5° ano igual a R$ 17.640,00.

Tabela 3.5 – Fluxo de caixa com o valor residual no 5° ano (valores em R$)

Ano	0	1	2	3	4	5
Redução nos custos		20.000	20.000	20.000	20.000	20.000
(-) Depreciação		-9.000	-9.000	-9.000	-9.000	-9.000

Ano	0	1	2	3	4	5
(=) Lucro antes do IRPJ/CSLL		11.000	11.000	11.000	11.000	11.000
(-) IRPJ/CSLL		-3.740	-3.740	-3.740	-3.740	-3.740
(=) Lucro depois do IRPJ/CSLL		7.260	7.260	7.260	7.260	7.260
(+) Depreciação		9.000	9.000	9.000	9.000	9.000
(-) Investimentos	-60.000					
(+) Valor residual						17.640
(=) Fluxo de caixa líquido	-60.000	16.260	16.260	16.260	16.260	33.900

Fonte: Elaborada pelos autores.

A partir de uma planilha do MS Excel podemos calcular a TIR desse fluxo de caixa, utilizando a função TIR na categoria financeira e, posteriormente, selecionando os valores do fluxo de caixa do ano 0 até o ano 5. O resultado será uma TIR de 17,04% ao ano. Como a TIR é menor que a TMA de 18% ao ano, o projeto é considerado inviável economicamente.

Caso considerássemos um fluxo de caixa sem cobrança de IRPJ/CSLL, teríamos a situação ilustrada na Tabela 3.6.

Tabela 3.6 – Fluxo de caixa sem cobrança de IRPJ/CSLL (valores em R$)

Ano	0	1	2	3	4	5
Redução nos custos		20.000	20.000	20.000	20.000	20.000
(-) Depreciação						
(=) Lucro antes do IRPJ/CSLL		20.000	20.000	20.000	20.000	20.000
(-) IRPJ/CSLL						

Ano	0	1	2	3	4	5
(=) Lucro depois do IRPJ/CSLL		20.000	20.000	20.000	20.000	20.000
(+) Depreciação						
(-) Investimentos	-60.000					
(+) Valor residual						19.000
(=) Fluxo de caixa líquido	-60.000	20.000	20.000	20.000	20.000	39.000

Fonte: Elaborada pelos autores.

Neste caso, calculamos a TIR do projeto para a situação sem incidência de IRPJ/CSLL, que resultaria em uma TIR de 25,01% ao ano.

Em certas alternativas de investimentos, pode ocorrer a situação de o lucro tributável ser negativo, possivelmente devido ao fato de a despesa de depreciação ser maior que o valor do fluxo antes do IRPJ/CSLL.

Se a alternativa citada faz parte de uma empresa que apresenta lucro, o lucro tributável negativo da alternativa de investimento pode ser considerado como um abatimento no lucro tributável da empresa como um todo, reduzindo o IRPJ/CSLL a pagar. Essa redução do IRPJ/CSLL deve ser encarada como uma vantagem fiscal, e deve ser somada ao fluxo após o IRPJ/CSLL.

No exemplo anterior, suponha uma situação adicional em que o governo possibilita uma taxa de depreciação acelerada de 50% no ano para os equipamentos a serem adquiridos. Essa possibilidade pode ocorrer em algumas situações em que se pretende incentivar investimentos, seja para investimentos em pesquisa, agropecuária, inovação ou outros.

A despesa de depreciação passará de R$ 9.000,00, 15% do investimento, para R$ 30.000,00, 50% dos R$ 60.000,00. Isso fará com que o lucro antes do IRPJ/CSLL seja negativo e que a empresa deixará de pagar uma parte de seus tributos devido ao prejuízo adicional do projeto nos dois primeiros anos. Veja na Tabela 3.7 como fica a projeção de fluxos de caixa nessa nova situação.

Tabela 3.7 – Fluxo de caixa com depreciação acelerada e cobrança de IRPJ/CSLL (valores em R$)

Ano	0	1	2	3	4	5
Redução nos custos		20.000	20.000	20.000	20.000	20.000
(-) Depreciação		-30.000	-30.000			
(=) Lucro antes do IRPJ/CSLL		-10.000	-10.000	20.000	20.000	20.000
(-) IRPJ/CSLL		3.400	3.400	-6.800	-6.800	-6.800
(=) Lucro depois do IRPJ/CSLL		-6.600	-6.600	13.200	13.200	13.200
(+) Depreciação		30.000	30.000			
(-) Investimentos	-60.000					
(+) Valor residual						12.540
(=) Fluxo de caixa líquido	-60.000	23.400	23.400	13.200	13.200	25.740

Fonte: Elaborada pelos autores.

E a TIR desse novo fluxo de caixa é de 20,08%, ou seja, maior do que a TIR se a taxa máxima de depreciação fosse de 15%. Uma depreciação mais acelerada aumenta a rentabilidade do projeto.

Mesmo quando se analisa projetos independentes de empresas, o fato de aparecer lucro tributável negativo não significa que o governo pagará IRPJ/CSLL para a empresa pelo fato desta estar dando prejuízo, mas sim que o prejuízo acumulado será compensado de lucros futuros posteriormente, por meio de mecanismos fiscais, proporcionando economias futuras de IRPJ/CSLL.

3.6 – Casos

Para facilitar o entendimento da elaboração de fluxos de caixa após o IRPJ/CSLL e com o efeito positivo da depreciação contábil, resolveremos três casos de avaliação de projetos.

Caso 1
Uma empresa do setor industrial com aproximadamente 400 funcionários estuda a possibilidade de terceirizar seus serviços de transporte. Ela conta hoje com 27 veículos, sendo 11 para uso de gerentes e 16 para uso geral. As despesas de operação (combustíveis e motoristas) e a manutenção desses veículos monta a R$ 900.000,00 por ano. O valor de mercado desses veículos é de R$ 2.650.000,00, e eles poderiam ser vendidos por R$ 1.050.000,00 daqui a três anos. A terceirização de serviços de transporte, que consiste na contratação de empresa que disponibilize *vans* e veículos de passeio, com motorista, para substituir os serviços da atual frota custaria em torno de R$ 1.675.000,00 por ano, pagos ao final de cada um dos 3 anos. Pergunta-se: vale a pena manter os veículos atuais, deixando de vendê-los agora para vendê-los daqui a 3 anos, ou fazer a locação pelos próximos 3 anos? Considere que a TMA da empresa é de 14% ao ano, a depreciação dos veículos atuais, que são novos, é de 20% por ano e a alíquota de IR é de 34%.

Os dados resumidos do problema são (valores em R$):

Dados:

Despesas anuais de operação e manutenção anual de veículos	900.000
Valor de mercado dos veículos na data zero	2.650.000
Valor residual dos veículos	1.050.000
Terceirização	1.675.000
TMA	14%
Taxa de depreciação	20%
Alíquota de IRPJ	34%

Para a avaliação das alternativas, optamos por comparar se vale a pena manter os veículos, cujo investimento seria o valor pelo qual a empresa deixaria de vender os veículos pelo seu valor de mercado na data zero, ou seja, R$ 2.650.000,00.

A despesa anual de operação e de manutenção desses veículos é considerada uma saída de caixa no valor de -R$ 900.000,00. A venda desses veículos por R$ 1.050.000,00 no final do terceiro ano é tratada como valor residual.

O valor residual final deve considerar os tributos que recaem sobre a venda desse ativo. Esse cálculo é feito sobre o ganho/perda de capital. Se a depreciação acumulada é de -R$ 1.590.000,00 (3 × R$ 530.000,00), o valor contábil será R$ 1.060.000,00 (R$ 2.650.000 - R$ 1.590.000,00). Neste caso, temos uma previsão de perda de capital, pois o valor previsto da venda dos ativos no valor de R$ 1.050.000,00 menos o valor contábil dos ativos no valor de R$ 1.060.000,00 resulta em um valor negativo de -R$ 10.000,00. Os tributos são calculados pela multiplicação da alíquota de 34% pelo ganho/perda de capital. Os tributos serão calculados conforme mostrado abaixo:

Tributos pela venda dos veículos = -34% × - R$ 10.000,00 = R$ 3.400,00

Observe que o valor dos tributos é positivo. Como se trata de uma perda de capital, e não um ganho, a empresa não pagaria tributos, e sim deixaria de pagá-los. A análise deve ser marginal, pois não se pode esquecer que esse é um projeto adicional interno de uma empresa, que já tem suas demonstrações e seus compromissos com tributos independentemente desse projeto.

O valor residual final, após os tributos, passa a ser de R$ 1.053.400,00, resultado da soma de R$ 1.050.000,00 com a redução de tributos de R$ 3.400,00.

A terceirização, no valor anual de R$ 1.675.000,00, será considerada aqui como uma redução de custos, já que a hipótese inicial é manter os veículos atuais. A planilha de projeção da DRE e do fluxo de caixa é mostrada na Tabela 3.8.

Tabela 3.8 – Projeção da demonstração de resultados e do fluxo de caixa da manutenção de veículos em relação à terceirização (valores em R$)

Ano	0	1	2	3
Redução de custos de terceirização		1.675.000	1.675.000	1.675.000
(-) Manutenção dos veículos		-900.000	-900.000	-900.000
(-) Depreciação		-530.000	-530.000	-530.000
(=) Lucro antes do IRPJ/CSLL		245.000	245.000	245.000
(-) IRPJ/CSLL		-83.300	-83.300	-83.300
(=) Lucro depois do IRPJ/CSLL		161.700	161.700	161.700
(+) Depreciação		530.000	530.000	530.000
(-) Investimentos	-2.650.000			
(+) Valor residual				1.053.400
(=) Fluxo de caixa líquido	-2.650.000	691.700	691.700	1.745.100

Fonte: Elaborada pelos autores.

Calculando a TIR do fluxo de caixa resultante, chegamos a 7,44% a.a., menor do que a TMA de 14% a.a., revelando a inviabilidade da proposição de manter os veículos existentes. Dessa forma, a alternativa mais econômica seria terceirizar a frota.

Também podemos calcular outros indicadores econômicos, como o VPL. Usando a função VPL do software MS Excel, podemos trazer os valores dos períodos de 1 a 3 e diminuir o resultado pelo investimento que está na data zero.

O valor presente líquido do exemplo é de -R$ 333.112,00, ou seja, negativo, confirmando a inviabilidade da proposta de manter os veículos.

Caso 2

Como segundo exemplo, suponha a avaliação da construção de uma usina solar, no interior do estado de Pernambuco. Esse empreendimento tem potência instalada de 2 MW e é capaz de gerar 3.502 MWh por ano, e a energia produzida seria vendida, na época, por uma tarifa de R$ 550,00 por MWh gerado. Toda a energia produzida pela usina será comercializada.

Os demais dados referentes ao investimento são:

- Investimento: R$ 8.000.000 por MW de potência instalada.
- Custos anuais de operação e manutenção: 1% do valor do investimento.
- Arrendamento anual do terreno: 1% da receita bruta.
- Custo anual do acesso à rede elétrica: R$ 3.900,00 por MW de potência instalada.
- Vida útil do projeto: 30 anos.
- Taxa de depreciação dos ativos da usina: 10% ao ano.
- Os tributos que incidem sobre a receita correspondem ao PIS (com alíquota de 1,65%) e COFINS (com alíquota de 7,60%). A TMA é de 9% ao ano.
- O IRPJ/CSLL é cobrado sobre o lucro antes dos tributos com uma alíquota de 34%.

Pede-se que:

1) Seja elaborada a projeção da demonstração de resultados e o fluxo de caixa do projeto.
2) Seja avaliado se o investimento é viável e por que você pode fazer essa afirmativa.
3) Seja calculada a tarifa mínima para a viabilidade do projeto.

Os dados podem ser resumidos na Tabela 3.9:

Tabela 3.9 – Dados da usina solar

Potência	2	MW
Energia produzida	3.502	MWh
Preço de venda	550,00	R$/MWh
Investimento	8.000.000,00	R$/MW instalado
Custos O&M	1%	do valor do investimento
Arrendamento	1%	da receita bruta
Tarifa de acesso à rede	3.900,00	R$/MW instalado
Vida útil	30	anos
PIS/COFINS	9,25%	sobre receita
IR/CSLL	34%	sobre lucro
Depreciação	10%	ao ano
TMA	9%	ao ano

Fonte: Elaborada pelos autores.

E a projeção da demonstração de resultados e do fluxo de caixa estão apresentados na Tabela 3.10.

Tabela 3.10 – Projeção da DRE e do Fluxo de caixa (valores em R$)

Ano	0	1	2	...	30
Receita bruta de vendas		1.926.100	1.926.100		1.926.100
- Tributos sobre a receita		-178.164	-178.164		-178.164
Receita líquida de vendas		1.747.936	1.747.936		1.747.936
- Custos fixos		-160.000	-160.000		-160.000
- Custos variáveis		-19.261	-19.261		-19.261
Resultado bruto		1.568.675	1.568.675		1.568.675
- Despesas fixas e variáveis					
- Depreciação		-1.600.000	-1.600.000		-1.600.000
Resultado antes dos resultados financeiros e dos tributos (EBIT)		-31.325	-31.325		-31.325
- Despesas financeiras (Juros)					
Resultado antes dos tributos (EBT)		-31.325	-31.325		-31.325
- IRPJ / CSLL		10.651	10.651		10.651
Lucro líquido		-20.675	-20.675		-20.675
+ Depreciação		1.600.000	1.600.000		1.600.000
- Amortização dívidas					
- Investimentos (CAPEX)	-16.000.000				

Ano	0	1	2	...	30
- Capital de giro adicional					
+ Liberação financiamento					
Valor residual					
Fluxo de caixa	**-16.000.000**	**1.579.325**	**1.579.325**		**1.579.325**

Fonte: Elaborada pelos autores.

Calculando o valor presente líquido do projeto a uma taxa mínima de atratividade de 9% ao ano, chegamos ao seguinte resultado:

VPL= -R$ 16.000.000 + VPL do fluxo de caixa de 1 a 30 anos

O VPL do fluxo de caixa de 1 a 30 anos pode ser calculado usando a função VPL do MS Excel, selecionando a TMA como taxa e os valores das células que vão de 1 a 30.

VPL = -R$ 16.000.000 + 16.225.442 = R$ 225.442,00

O projeto é viável, embora o VPL esteja bem próximo de zero.

A TIR também pode ser calculada pelo MS Excel, utilizando a função TIR e selecionado os fluxos de caixa que vão de 0 a 30:

TIR = 9,2% ao ano.

Podemos afirmar que, pela projeção de fluxos da caixa acima, a TIR é de 9,2% ao ano, portanto maior do que a TMA da empresa, que é de 9% ao ano. Assim, com base nessas projeções, o investimento é viável.

A tarifa mínima que torna o investimento viável pode ser calculada variando o valor da tarifa para baixo até que encontremos o VPL igual a zero. Uma forma mais rápida de usar o MS Excel para encontrar essa tarifa é fazendo uso da função "Atingir Meta", em "Teste de Hipóteses" que aparece na aba "Dados ". Basta selecionar a célula onde está o cálculo do VPL, clicar em "Atingir Meta", manter a célula do VPL em "Definir Célula", inserir o número 0 (zero) em "Para Valor" e clicar na célula onde está a tarifa, no campo "Alternando célula". Assim, encontraremos o valor da tarifa para um VPL igual a zero.

Tarifa para VPL igual a zero = R$ 539,42. Essa é a menor tarifa para que o investimento seja viável, considerando todas as outras variáveis constantes.

Caso 3
O diretor da empresa de eletrônica IPLACAS recebeu uma proposta para montar uma nova linha de produção com um novo CNPJ em uma cidade de Minas Gerais. A proposta é que a empresa IPLACAS invista em uma nova linha de produção que faça a montagem de placas eletrônicas em SMD e forneça para uma outra empresa que produz impressoras, a IMPRESS. A empresa IMPRESS comprou um terreno ao lado de sua fábrica para instalação de seus fornecedores e gostaria de que a empresa IPLACAS se instalasse em parte desse terreno. Os dados são os seguintes:

Os investimentos fixos adicionais para instalar parte da fábrica em Curitiba: R$ 1.250.000,00 (robô: R$ 600.000; máquina de solda: R$ 300.000; computadores, bancadas etc.: R$ 350.000), e o investimento em capital de giro (matéria-prima e despesas iniciais) é de R$ 380.000,00.

A produção e venda das placas para a empresa IMPRESS será, de acordo com contrato: 1.100 placas por dia, a um preço de venda de R$ 12,00 por unidade.

Os custos fixos (aluguel, mão de obra e encargos entre outros) são de R$ 1.150.000,00 por ano, e os custos variáveis (componentes, base, material de solda) são de R$ 2,90 por placa. As despesas anuais previstas são de R$ 430.000,00.

Os tributos esperados são o ICMS/IPI com alíquota de 18% sobre a receita e o IRPJ/CSLL com alíquota 34% sobre o lucro tributável.

A taxa de depreciação sobre os equipamentos é de 10% por ano.

A Empresa IMPRESS dá garantias de compra das placas durante os próximos 5 anos, no final dos quais os investimentos fixos terão um valor residual de venda de R$ 700.000,00.

Considerando que a taxa mínima de atratividade da empresa é de 16% ao ano, baseada em seu custo de capital, avalie se o investimento é viável pelos métodos do VPL e da TIR e, ainda, qual seria o menor preço para que o investimento seja viável.

Solucionando o caso, veja a projeção da demonstração de resultados e do fluxo de caixa, ilustrados na Tabela 3.11.

Tabela 3.11 – Projeção da demonstração de resultados e do fluxo de caixa da nova linha de produção (valores em R$)

Ano	0	1	2	3	4	5
Receita bruta de vendas		4.752.000	4.752.000	4.752.000	4.752.000	4.752.000
- Tributos sobre a receita		-855.360	-855.360	-855.360	-855.360	-855.360
Receita líquida de vendas		3.896.640	3.896.640	3.896.640	3.896.640	3.896.640
- Custos fixos		-1.150.000	-1.150.000	-1.150.000	-1.150.000	-1.150.000
- Custos variáveis		-1.148.400	-1.148.400	-1.148.400	-1.148.400	-1.148.400
Lucro bruto		1.598.240	1.598.240	1.598.240	1.598.240	1.598.240
- Despesas fixas e variáveis		-430.000	-430.000	-430.000	-430.000	-430.000
- Depreciação		-125.000	-125.000	-125.000	-125.000	-125.000
Resultado antes dos resultados financeiros e dos tributos (EBIT)		1.043.240	1.043.240	1.043.240	1.043.240	1.043.240
- Despesas financeiras						
Resultado antes dos tributos (EBT)		1.043.240	1.043.240	1.043.240	1.043.240	1.043.240

Ano	0	1	2	3	4	5
- IRPJ/CSLL		-354.702	-354.702	-354.702	-354.702	-354.702
Lucro líquido		**688.538**	**688.538**	**688.538**	**688.538**	**688.538**
+ Depreciação		125.000	125.000	125.000	125.000	125.000
- Amortização dívidas						
- Investimentos (CAPEX)	-1.250.000					
- Capital de giro adicional	-380.000					
+ Liberação financiamento						
Valor residual						674.500
Fluxo de caixa	**-1.630.000**	**813.538**	**813.538**	**813.538**	**813.538**	**1.488.038**

Fonte: Elaborada pelos autores.

O valor presente líquido dos fluxos descontado à TMA, baseada no custo médio ponderado de capital, desconsiderando os investimentos, será chamado aqui de valor do negócio. O valor do negócio, calculado com uso de MS Excel, é o VPL do fluxo de caixa livre (sem os financiamentos):

Valor do negócio = R$ 2.984.901

O VPL é igual ao valor do negócio menos os investimentos na data zero:

VPL= R$ 1.354.901

E a TIR é igual a:

TIR = 45,04% ao ano

Trata-se de um projeto com alta viabilidade, com rentabilidade bem acima de seu custo de capital.

3.7 – Exercícios

1) Suponha um sistema de processamento de dados com vida contábil de 5 anos, cujo custo de aquisição é de R$ 300.000,00. Preencha para este ativo a tabela com a despesa anual de depreciação e o valor contábil a partir do método linear e soma dos dígitos.

	Quota de depreciação	
Ano	Linear	Soma dos dígitos
1		
2		
3		
4		
5		

Valor contábil		
Ano	Linear	Soma dos dígitos
1		
2		
3		
4		
5		

2) Suponha que uma empresa compre um equipamento para trabalhar um turno por dia por um valor de R$ 120.000,00. A taxa de depreciação desse equipamento é de 10% ao ano. Dessa forma, responda às seguintes questões:

a) Qual é o valor da depreciação anual do equipamento?

b) Qual será o valor contábil do equipamento no quarto ano?

c) Qual será o valor da depreciação acumulada no oitavo ano?

d) No caso de venda do equipamento no oitavo ano por R$ 30.000,00, qual será o lucro/prejuízo da transação? Considere uma alíquota de IRPJ/CSLL de 34% ao ano.

e) Se o equipamento fosse utilizado por três turnos, qual seria seu valor contábil no 3° ano?

3) Uma empresa está considerando a instalação de um equipamento com investimento inicial de R$ 240.000,00 (depreciável por uma taxa de 20% ao ano) e com um investimento inicial de R$ 40.000,00 referente à instalação (não depreciável). O investimento proporcionaria uma economia anual de R$ 70.000,00 durante seis anos, e, ao final desse período, o equipamento teria valor residual nulo. Considerando uma alíquota de IR de 34% e TMA de 8% ao ano, qual é o VPL, o VAUE e a TIR do projeto?

4) Uma empresa dispõe de duas alternativas de refrigeração para reduzir custos internos. A máquina A conta com um investimento inicial de R$ 25.500,00, fluxo de caixa anual antes de depreciação e impostos de R$ 8.000,00/ano e um valor de revenda de R$ 4.000,00 após 7 anos. A máquina B tem investimento inicial de R$ 19.000,00, sendo o fluxo de caixa anual antes de depreciação e impostos igual a R$ 6.500,00 e um valor de revenda de R$ 3.000,00 após 7 anos. A depreciação das duas máquinas ocorre durante 5 anos, sendo a alíquota de IRPJ/CSLL igual a 34%. Considerando uma TMA de 10% ao ano, encontre o VPL e o VAUE das duas alternativas e responda qual alternativa é economicamente mais atrativa.

5) Uma empresa deseja utilizar um equipamento e está em dúvida entre a compra e o aluguel. O equipamento tem vida contábil de 10 anos, sendo o seu valor de aquisição igual a R$ 250.000,00. A manutenção exige desembolsos anuais de R$ 15.000,00. Pretende-se vender o equipamento após 10 anos por R$ 15.000,00. Por outro lado, o equipamento poderia ser alugado por 10 anos no valor de R$ 65.000,00 ao ano.

Considerando uma alíquota de IRPJ/CSLL de 34% e que a TMA é de 10% ao ano, qual é a melhor alternativa?

6) Uma granja de suínos decide avaliar a implantação de um sistema de geração de energia elétrica por meio do biogás. Os dados do projeto são os seguintes:

Investimentos:

Adaptação da rede elétrica local	R$ 7.000,00
Biodigestor, equipamento e instalações	R$ 80.000,00
Construções em alvenaria	R$ 1.000,00
Motor gerador	R$ 35.000,00
Filtro de limpeza	R$ 1.000,00
Projeto, montagem e outros	R$ 1.000,00

Tarifa média de energia	R$ 0,45 por kWh
Energia produzida pelo sistema	58.400 kWh ao ano

Custos operacionais:

Custos fixos (O&M do biodigestor): 3,5% do valor do biodigestor, equipamento e instalações

Custos variáveis (O&M do motor):

	Frequência anual	Custo unitário
Mão de obra especializada	120	R$ 4,50
Troca de óleo	5	R$ 90,00
Troca de filtro	2	R$ 150,00
Revisão do gerador	1	R$ 800,00
Manutenção do filtro	3	R$ 200,00

Tributos:

IRPJ e CSLL: 34% sobre o lucro antes dos tributos

PIS: 1,65% e COFINS: 7,6% sobre a receita bruta

Depreciação:

	% ao ano	Vida útil
Adaptação da rede elétrica local	5,00%	20 anos
Biodigestor, equipamento e instalações	5,00%	20 anos
Construções em alvenaria	4,00%	25 anos
Motor gerador	6,67%	15 anos
Filtro de limpeza	10,00%	10 anos
Projeto, montagem e outros	5,00%	20 anos

O horizonte de planejamento é de 25 anos. A TMA considerada é de 12 % ao ano. Calcule o VPL e o VAUE e indique se o investimento é inviável.

4 – Sistema de amortização de financiamentos e alavancagem financeira

4.1 – Definições gerais sobre financiamentos

A disponibilidade de recursos financeiros é uma condição estritamente necessária para se concretizar qualquer tipo de investimento. Quando uma entidade não dispõe de recursos financeiros para realizar o investimento desejado, é possível recorrer às operações financeiras de captação, tais como os financiamentos diretos e indiretos.

Em relação aos financiamentos diretos, as empresas podem realizar a emissão e venda de títulos (como ações e títulos de dívida), em que os poupadores ficam com esses títulos e podem negociá-los em mercado secundário. Em contrapartida, as empresas adquirem os recursos financeiros necessários para financiar seus investimentos.

Por sua vez, os financiamentos indiretos são feitos por meio de bancos e instituições financeiras. Nesse caso, a oferta de recursos é derivada da atividade de intermediação financeira, que envolve a captação de recursos junto às unidades econômicas superavitárias (oferta) e o repasse para as unidades econômicas deficitárias (demanda). O ganho proveniente dessa atividade ocorre a partir do *spread* entre as taxas de juros cobradas pelos empréstimos e as taxas oferecidas na captação de recursos. Na Figura 4.1, é ilustrada a atividade de intermediação financeira.

Figura 4.1 – Funcionamento da intermediação financeira

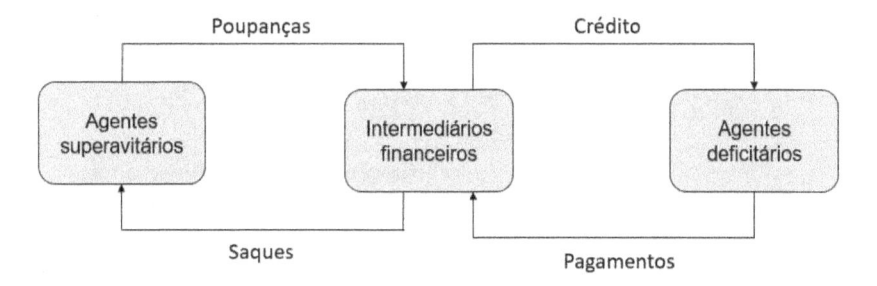

Fonte: Elaborada pelos autores.

Em um financiamento, um banco ou uma instituição financeira oferta o capital desejado pelo tomador de recursos, com a promessa de receber a devolução do valor principal emprestado mais o valor correspondente aos juros cobrados pelo empréstimo. Para tanto, inicialmente ocorre a liberação do financiamento, ou seja, o recurso é disponibilizado para o tomador, e, nos períodos seguintes, o tomador paga as prestações que representa a soma dos valores referentes à amortização, ou seja, à devolução do valor principal liberado inicialmente, além dos juros cobrados pelo empréstimo, conforme ilustrado na Figura 4.2.

Figura 4.2 – Exemplo de amortização de financiamento

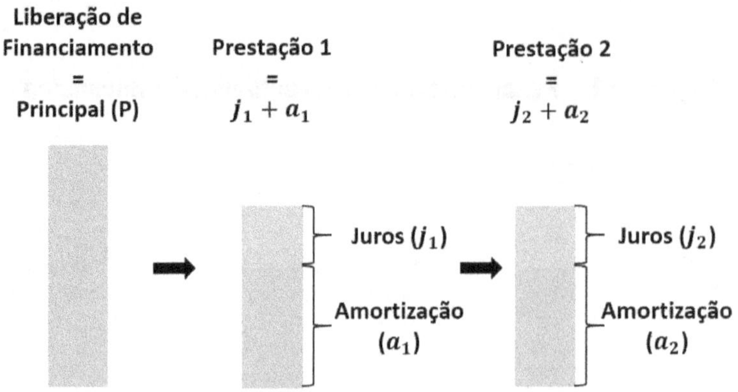

Fonte: Elaborada pelos autores.

Entretanto, existem diferentes sistemas de amortização de financiamentos. Neste capítulo, trataremos especialmente dos principais sistemas de amortização utilizados para financiamentos e, posteriormente, como esses financiamentos impactam a avaliação de fluxo de caixa de investimentos.

4.2 – Sistema francês de amortização (Price)

O sistema francês de amortização é popularmente conhecido como sistema Price ou sistema de prestação constante. Esse sistema de amortização é muito utilizado em compras de prazos menores e na oferta de crédito direto ao consumidor.

No sistema Price, as prestações são constantes, ou seja, se caracterizam como uma série uniforme de pagamentos. A parcela da prestação referente aos juros decresce com o tempo, ao passo que a parcela de amortização aumenta. Na Figura 4.3, são apresentadas as prestações no sistema Price.

Figura 4.3 – Representação da prestação no sistema Price

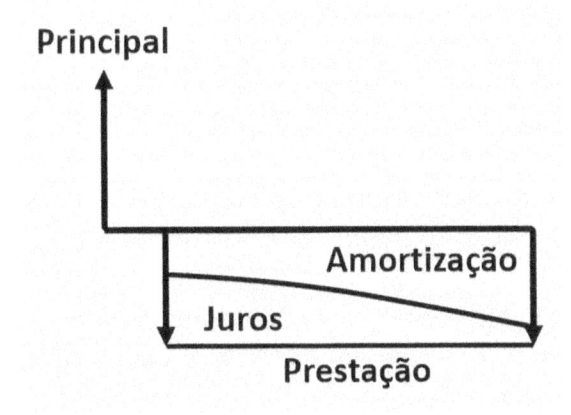

Fonte: Elaborada pelos autores.

Assim como em qualquer sistema de amortização, a prestação corresponde à soma do valor da amortização com o valor dos juros pagos:

$$p_k = a_k + j_k \qquad (4.1)$$

em que: p_k é o valor da prestação no período k; a_k é o valor da amortização no período k; e j_k é o valor dos juros no período k.

Os juros no período k são calculados sobre o saldo devedor no período anterior:

$$j_k = SD_{k-1} \times i \qquad (4.2)$$

em que: SD_{k-1} é o saldo devedor no período anterior; e i é a taxa de juros cobrada pelo empréstimo.

Dessa forma, quanto menor for o saldo devedor, menores serão os juros pagos; e, como a prestação é constante, maiores ficarão os valores de amortizações ao longo dos períodos. Por sua vez, as prestações podem ser calculadas de forma seme-lhante à que utilizamos para calcular os valores de uma série uniforme de pagamento, vista no Capítulo 1:

$$p_k = P \times \left[\frac{(1+i)^n \times i}{(1+i)^n - 1} \right] \qquad (4.3)$$

em que: p_k é o valor das prestações; e P é o valor do principal emprestado para o tomador do empréstimo.

Portanto, vale destacar que, em uma planilha do MS Excel, o cálculo das prestações no sistema Price pode ser feito por meio da função PGTO, inserindo no campo "Taxa" a taxa de juros do financiamento; em "Nper", o prazo de amortização do financiamento; e, em "Vp", o valor do principal liberado pela instituição financeira.

Na Tabela 4.1, temos a tabela Price, que é popularmente uti-lizada no mercado para estimar as condições de financiamento a partir do sistema Price de amortização.

Tabela 4.1 – Estrutura da tabela Price

Período (k)	Saldo devedor (SD_k)	Prestação (p_k)	Amortização (a_k)	Juros (j_k)
0	$SD_0 = P$	-	-	-
1	$SD_1 = SD_0 - a_1$	$p_1 = P \times \left[\frac{(1+i)^n \times i}{(1+i)^n - 1}\right]$	$a_1 = p - j_1$	$j_1 = i \times SD_0$
2	$SD_2 = SD_1 - a_2$	$p_2 = P \times \left[\frac{(1+i)^n \times i}{(1+i)^n - 1}\right]$	$a_2 = p - j_2$	$j_2 = i \times SD_1$
...	...	...	...	...
k	$SD_k = SD_{k-1} - a_k$	$p_k = P \times \left[\frac{(1+i)^n \times i}{(1+i)^n - 1}\right]$	$a_k = p - j_k$	$j_k = i \times SD_{k-1}$

Fonte: Elaborada pelos autores.

Para uma melhor compreensão, vamos montar a tabela Price para o seguinte exemplo: suponha um financiamento de R$ 10.000,00 a juros de 10% ao ano, com prazo de 5 anos e amortizado pelo sistema Price em 5 prestações anuais.

Aplicando as fórmulas contidas na Tabela 4.1, teremos a seguinte tabela Price para o exemplo:

Tabela 4.2 – Exemplo de tabela Price resolvida (valores em R$)

Período (k)	Saldo devedor (sd_k)	Prestação (p_k)	Amortização (a_k)	Juros (j_k)
0	$SD_0 = 10.000,00$	-	-	-
1	$SD_1 = 8.362,03$	$p_1 = 2.637,97$	$a_1 = 1.637,97$	$j_1 = 1.000,00$
2	$SD_2 = 6.560,25$	$p_2 = 2.637,97$	$a_2 = 1.801,77$	$j_2 = 836,20$
3	$SD_3 = 4.578,30$	$p_3 = 2.637,97$	$a_3 = 1.981,95$	$j_3 = 656,03$
4	$SD_4 = 2.398,16$	$p_4 = 2.637,97$	$a_4 = 2.180,14$	$j_4 = 457,83$
5	$SD_5 = 0,00$	$p_5 = 2.637,97$	$a_5 = 2.398,16$	$j_5 = 239,82$

4.3 – Sistema de amortização constante (SAC)

O sistema de amortização constante (SAC), como o próprio nome já diz, caracteriza-se pelos valores de amortização constantes ao longo dos períodos. Portanto, matematicamente, podemos obter os valores de amortização no SAC, a partir da razão entre o valor do principal emprestado e o número de parcelas de amortização:

$$a_k = \frac{P}{n} \qquad (4.4)$$

em que n é o número de parcelas de amortização.

O saldo devedor de cada período (SD_k) é obtido pela diferença entre o saldo devedor do período anterior (SD_{k-1}) com a parcela de amortização paga no período atual (k).

$$SD_k = SD_{k-1} - a_k \qquad (4.5)$$

Assim, no SAC também podemos representar o cálculo do saldo devedor de certo período por:

$$SD_k = P - k \times a_k \qquad (4.6)$$

Os valores dos juros são estimados da mesma forma que no sistema Price, com a cobrança sobre o saldo devedor de cada período anterior:

$$j_k = SD_{k-1} \times i \qquad (4.7)$$

As prestações em cada período são dadas pela soma do valor da amortização no período com a parcela referente aos juros pagos no período:

$$p_k = a_k + j_k \qquad (4.8)$$

Graficamente, podemos representar as prestações calculadas no SAC da seguinte forma:

Figura 4.4 – Representação da prestação no SAC

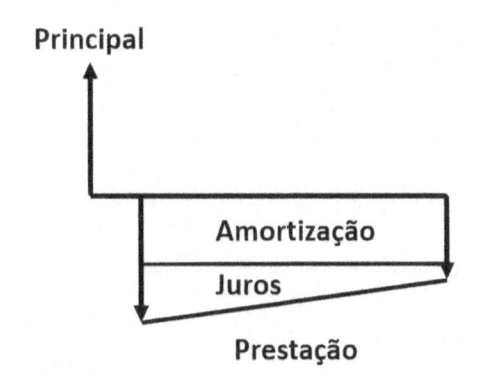

Fonte: Elaborada pelos autores.

Na Tabela 4.3, temos as fórmulas de cálculo para o SAC.

Tabela 4.3 – Estrutura do SAC

Período (k)	Saldo devedor (SD_k)	Prestação (p_k)	Amortização (a_k)	Juros (j_k)
0	$SD_0 = P$	-	-	-
1	$SD_1 = P - \dfrac{P}{n}$	$p_1 = \dfrac{P}{n} + iP$	$\dfrac{P}{n}$	$j_1 = i \times SD_0$
2	$SD_2 = P - 2\,\dfrac{P}{n}$	$p_2 = \dfrac{P}{n} + iP - \dfrac{iP}{n}$	$\dfrac{P}{n}$	$j_2 = i \times SD_1$
...	...	...	...	...
k	$SD_k = P - k\,\dfrac{P}{n}$	$p_k = \dfrac{P}{n} + iP - (k-1)\dfrac{iP}{n}$	$\dfrac{P}{n}$	$j_k = i \times SD_{k-1}$

Fonte: Elaborada pelos autores.

Agora vamos supor que o financiamento de R$ 10.000,00 a juros de 10% ao ano, com prazo de 5 anos, seja amortizado pelo SAC em 5 prestações anuais.

Aplicando as fórmulas contidas na Tabela 4.4, teremos a seguinte situação para o exemplo:

Tabela 4.4 – Exemplo resolvido do SAC (valores em R$)

Período (k)	Saldo devedor (SD_k)	Prestação (p_k)	Amortização (a_k)	Juros (j_k)
0	$SD_0 = 10.000,00$	-	-	-
1	$SD_1 = 8.000,00$	$p_1 = 3.000,00$	$a_1 = 2.000,00$	$j_1 = 1.000,00$
2	$SD_2 = 6.000,00$	$p_2 = 2.800,00$	$a_2 = 2.000,00$	$j_2 = 800,00$
3	$SD_3 = 4.000,00$	$p_3 = 2.600,00$	$a_3 = 2.000,00$	$j_3 = 600,00$
4	$SD_4 = 2.000,00$	$p_4 = 2.400,00$	$a_4 = 2.000,00$	$j_4 = 400,00$
5	$SD_5 = 0,00$	$p_5 = 2.200,00$	$a_5 = 2.000,00$	$j_5 = 200,00$

Fonte: Elaborada pelos autores.

4.4 – Outros sistemas de amortização

Além do sistema Price e do SAC, existem outros sistemas de amortização menos populares e que serão brevemente vistos nesta seção. Entre eles, estão o sistema americano, o misto e o alemão.

- Sistema americano

O Sistema de Amortização Americano (SAA) caracteriza-se por serem pagos apenas os juros no final de cada período, com o pagamento do valor do principal acontecendo apenas no último período. Ou seja, as prestações são caracterizadas por serem iguais em cada período, sendo que apenas no último período elas correspondem à soma do valor do principal mais o valor dos juros.

Os juros neste sistema são dados pelo saldo devedor na data zero, ou seja, o valor do principal vezes a taxa de juros cobrada pelo empréstimo:

$$j_k = SD_0 \times i \qquad (4.9)$$

As prestações em todos os períodos, exceto o último, são equivalentes ao valor dos juros:

$$p_k = j_k \qquad (4.10)$$

No último período (n), a prestação será o valor dos juros pagos acrescido do valor do principal emprestado:

$$p_n = j_n + P \qquad (4.11)$$

A amortização única no último período será igual ao valor do principal, podendo ser escrita por:

$$a_n = P \qquad (4.12)$$

Figura 4.5 – Representação da prestação no sistema americano

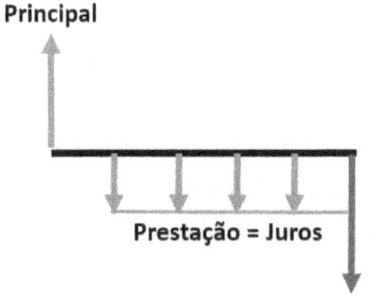

Fonte: Elaborada pelos autores.

Como exemplo de aplicação, vamos supor que o financiamento de R$ 10.000,00 a juros de 10% ao ano, com prazo de 5 anos, agora seja amortizado pelo sistema americano em 5 prestações anuais.

Tabela 4.5 - Exemplo resolvido do SAA (valores em R$)

Período (k)	Saldo devedor (SD_k)	Prestação (p_k)	Amortização (a_k)	Juros (j_k)
0	SD_0 = 10.000,00	-	-	-
1	SD_1 = 10.000,00	p_1 = 1.000,00	a_1 = 0,00	j_1 = 1.000,00
2	SD_2 = 10.000,00	p_2 = 1.000,00	a_2 = 0,00	j_2 = 1.000,00
3	SD_3 = 10.000,00	p_3 = 1.000,00	a_3 = 0,00	j_3 = 1.000,00
4	SD_4 = 10.000,00	p_4 = 1.000,00	a_4 = 0,00	j_4 = 1.000,00
5	SD_5 = 0,00	p_5 = 11.000,00	a_5 = 10.000,00	j_5 = 1.000,00

Fonte: Elaborada pelos autores.

- Sistema de Amortização Misto (SAM)

O Sistema de Amortização Misto (SAM) é caracterizado por ter cada parcela da prestação calculada pela média aritmética das parcelas de prestações do SAC e no Price. Portanto, podemos descrever as prestações no sistema de amortização misto por:

$$p_k = \frac{p_k(SAC) + p_k(Price)}{2} \qquad (4.13)$$

O cálculo do saldo devedor de cada período e dos juros pode ser representado pelas mesmas fórmulas de cálculo do sistema Price, sendo que as amortizações podem ser calculadas por:

$$a_k = p_k - j_k \qquad (4.14)$$

Os juros e o saldo devedor são calculados, assim como no sistema Price:

$$j_k = SD_{k-1} \times i \qquad (4.15)$$

Na Tabela 4.6, está ilustrada a estrutura simplificada do SAM.

Tabela 4.6 - Estrutura do SAM

Período (k)	Saldo devedor (SD_k)	Prestação (p_k)	Amortização (a_k)	Juros (j_k)
0	$SD_0 = P$	-	-	-
1	$SD_1 = SD_0 - p_1$	$p_1 = \frac{p_{1\,SAC} + p_{1\,PRICE}}{2}$	$a_1 = p_1 - \cdots j_1$	$j_1 = i \times SD_0$
2	$SD_2 = SD_1 - p_2$	$p_2 = \frac{p_{2\,SAC} + p_{2\,PRICE}}{2}$	$a_2 = p_2 - \cdots j_2$	$j_2 = i \times SD_1$
...	...	...	...	...
k	$SD_k = SD_{k-1} - p_k$	$p_k = \frac{p_{k\,SAC} + p_{k\,PRICE}}{2}$	$a_k = p_k - \cdots j_k$	$j_k = i \times SD_{k-1}$

Fonte: Elaborada pelos autores.

No exemplo sobre o financiamento de R$ 10.000,00 a juros de 10% ao ano, com prazo de 5 anos, sendo amortizado pelo SAM teríamos a segue tabela de amortização

Tabela 4.7 – Exemplo do SAM resolvido (valores em R$)

Período (k)	Saldo devedor (SD_k)	Prestação (p_k)	Amortização (a_k)	Juros (j_k)
0	$SD_0 = 10.000,00$	-	-	-
1	$SD_1 = 8.181,01$	$p_1 = 2.818,99$	$a_1 = 1.818,99$	$j_1 = 1.000,00$
2	$SD_2 = 6.280,13$	$p_2 = 2.718,99$	$a_2 = 1.900,89$	$j_2 = 818,10$
3	$SD_3 = 4.289,15$	$p_3 = 2.618,99$	$a_3 = 1.990,97$	$j_3 = 628,01$

Período (k)	Saldo devedor (SD_k)	Prestação (p_k)	Amortização (a_k)	Juros (j_k)
4	SD_4 = 2.199,08	p_4 = 2.518,99	a_4 = 2.090,07	j_4 = 428,02
5	SD_5 = 0,00	p_5 = 2.418,99	a_5 = 2.199,08	j_5 = 219,91

Fonte: Elaborada pelos autores.

- Sistema de amortização alemão

O sistema de amortização alemão consiste na liquidação do empréstimo, em um formato no qual os juros são pagos antecipadamente com prestações iguais, exceto na data zero, em que ocorre um pagamento de juros no momento da operação financeira – neste caso, $p_0 = j_0$. O cálculo para o valor das prestações, exceto na data zero, podem ser representados por:

$$p_k = \frac{P \times i}{1 - (1-i)^N} \tag{4.16}$$

em que N é o prazo de amortização.

O valor da amortização no primeiro período pode ser escrito por:

$$a_1 = P \times (1 - i)^{N-1} \tag{4.17}$$

Nos demais períodos, as parcelas são calculadas por:

$$a_k = \frac{a_1}{(1 - i)^{k-1}} \tag{4.18}$$

Na Tabela 4.8, temos a seguinte estrutura para a tabela no sistema de amortização alemão:

Tabela 4.8 – Estrutura do sistema de amortização alemão

Período (k)	Saldo devedor (SD_k)	Prestação (p_k)	Amortização (a_k)	Juros (j_k)
0	$SD_0 = P$	$p_0 = j_0$	–	$j_0 = i \times SD_0$
1	$SD_1 = SD_0 - p_1$	$p_1 = \frac{P \times i}{[1-(1-i)^{N-1}]}$	$a_1 = p_1 \times (1-i)^{N-1}$	$j_1 = p_1 - j_1$
2	$SD_2 = SD_1 - p_2$	$p_2 = \frac{P \times i}{[1-(1-i)^{N-1}]}$	$a_2 = \dfrac{a_1}{(1-i)^{k-1}}$	$j_2 = p_2 - j_2$
...	...	...	...	...
k	$SD_k = SD_{k-1} - p_k$	$p_k = \frac{P \times i}{[1-(1-i)^{N-1}]}$	$a_k = \dfrac{a_1}{(1-i)^{k-1}}$	$j_k = p_k - j_k$

Fonte: Elaborada pelos autores.

No exemplo sobre o financiamento de R$ 10.000,00 a juros de 10% ao ano, com prazo de 5 anos, pelo sistema de amortização alemão teríamos a seguinte tabela de amortização:

Tabela 4.9 – Exemplo do sistema de amortização alemão resolvido (valores em R$)

Período (k)	Saldo devedor (SD_k)	Prestação (p_k)	Amortização (a_k)	Juros (j_k)
0	$SD_0 = 10.000,00$	$p_0 = 1.000,00$	-	$j_0 = 1.000,00$
1	$SD_1 = 8.397,84$	$p_1 = 2.441,94$	$a_1 = 1.602,16$	$j_1 = 839,78$
2	$SD_2 = 6.617,67$	$p_2 = 2.441,94$	$a_2 = 1.780,18$	$j_2 = 661,77$
3	$SD_3 = 4.639,69$	$p_3 = 2.441,94$	$a_3 = 1.977,97$	$j_3 = 463,97$
4	$SD_4 = 2.441,94$	$p_4 = 2.441,94$	$a_4 = 2.197,75$	$j_4 = 244,19$
5	$SD_5 = 0,00$	$p_5 = 2.441,94$	$a_5 = 2.441,94$	$j_5 = 0,00$

Fonte: Elaborada pelos autores.

4.5 – Período de carência

No mercado, é bastante comum a concessão do chamado período de carência. Durante o período de carência, são pagos apenas os juros cobrados pelo empréstimo, e as amortizações não são cobradas. Em alguns casos, podem ser concedidos os períodos de carência também sem a cobrança de juros.

Vamos revisitar o exemplo do financiamento de R\$ 10.000,00 a juros de 10% ao ano, com prazo de 5 anos. Considerando que foram concedidos 2 anos de carência, com cobrança de juros, e a amortização pelo sistema Price, teríamos as seguintes prestações, juros e saldo devedores ilustrados na Tabela 4.10.

Tabela 4.10 – Exemplo de carência (valores em R\$)

Período (k)	Saldo devedor (SD_k)	Prestação (p_k)	Amortização (a_k)	Juros (j_k)
0	$SD_0 = 10.000,00$	-	-	-
1	$SD_1 = 10.000,00$	$p_1 = 1.000,00$	$a_1 = 0,00$	$j_1 = 1.000,00$
2	$SD_2 = 10.000,00$	$p_2 = 1.000,00$	$a_2 = 0,00$	$j_2 = 1.000,00$
3	$SD_3 = 8.362,03$	$p_3 = 2.637,97$	$a_3 = 1.637,97$	$j_3 = 1.000,00$
4	$SD_4 = 6.560,25$	$p_4 = 2.637,97$	$a_4 = 1.801,77$	$j_4 = 836,20$
5	$SD_5 = 4.578,30$	$p_5 = 2.637,97$	$a_5 = 1.981,95$	$j_5 = 656,03$
6	$SD_6 = 2.398,16$	$p_6 = 2.637,97$	$a_6 = 2.180,14$	$j_6 = 457,83$
7	$SD_7 = 0,0$	$p_7 = 2.637,97$	$a_7 = 2.398,16$	$j_7 = 239,82$

Fonte: Elaborada pelos autores.

Observe que, na situação em que é concedido período de carência, o tomador do empréstimo posterga o pagamento de prestações maiores para datas futuras, reduzindo o volume de saídas de caixa nos anos mais próximos da data zero, o que é vantajoso para a viabilidade do projeto de investimento que está consumindo o recurso emprestado.

4.6 – Influência do financiamento na análise de investimentos

O recurso financeiro emprestado por meio de uma linha de financiamento também influencia as entradas e saídas do fluxo de caixa de um investimento e, consequentemente, a viabilidade de um projeto de investimento. Quando um investidor toma emprestado um certo percentual do recurso financeiro necessário para realizar um determinado investimento, ele deixa de desembolsar integralmente, na data presente, o dinheiro necessário para realizar aquele investimento, para em contrapartida amortizar parte dele durante um prazo de amortização. Para tanto, são acrescidos os juros que são referentes ao prêmio para o credor pelo capital emprestado.

Para um melhor entendimento dessa movimentação, vamos avaliar um exemplo para analisar o impacto dos financiamentos junto com a depreciação e do IRPJ/CSLL nos fluxos de caixa.

Suponha um investimento de R$ 30.000,00 em um equipamento que proporciona a redução de desembolsos anuais de R$ 10.000,00. O equipamento tem vida econômica de 5 anos e, no quinto ano, será vendido por R$ 7.000,00. A taxa de depreciação do equipamento é de 15% ao ano, e considera-se a depreciação linear. A alíquota de IRPJ/CSLL considerada é de 35%, e a TMA de 18% ao ano.

Neste caso, sabemos que o horizonte de planejamento é de 5 anos, ocorrendo acréscimos de caixa de R$ 10.000,00 em cada ano. A depreciação anual do equipamento é de R$ 4.500,00, e ainda há um valor residual após os impostos no quinto ano de R$ 7.175,00, oriundo da venda do equipamento somado ao benefício de R$ 175,00 proporcionado pela economia de tributos devido à perda de capital de -R$ 500.

Agora vamos supor que 70% do investimento de R$ 30.000,00 no equipamento (ou seja, R$ 21.000,00) fosse financiado a uma taxa de juros de 8% ao ano, por meio do sistema Price, com o prazo de amortização de 5 anos. Nesse caso, teremos a tabela Price ilustrada na Tabela 4.11.

Tabela 4.11 – Tabela Price para financiamento do equipamento (valores em R$)

Período (k)	Saldo devedor (SD_k)	Prestação (p_k)	Amortização (a_k)	Juros (j_k)
0	$P_0 = 21.000,00$			
1	$P_1 = 17.560,25$	$p_1 = 5.539,75$	$a_1 = 3.439,75$	$j_1 = 2.100,00$
2	$P_2 = 13.776,53$	$p_2 = 5.539,75$	$a_2 = 3.783,72$	$j_2 = 1.756,03$
3	$P_3 = 9.614,44$	$p_3 = 5.539,75$	$a_3 = 4.162,09$	$j_3 = 1.377,65$
4	$P_4 = 5.036,13$	$p_4 = 5.539,75$	$a_4 = 4.578,30$	$j_4 = 961,44$
5	$P_5 = 0,00$	$p_5 = 5.539,75$	$a_5 = 5.036,13$	$j_5 = 503,61$

Fonte: Elaborada pelos autores.

Neste caso, teremos na data zero tanto o investimento no equipamento que custa R$ 30.000,00 quanto a liberação do financiamento igual a R$ 21.000,00, que servirá de aporte para financiar parte da compra do equipamento. Do ano 1 ao ano 5, ainda teremos as despesas financeiras referentes aos juros pagos pelo financiamento, além das parcelas de amortização do valor de R$ 21.000,00 liberado na data zero. Na Tabela 4.12, está ilustrado o fluxo de caixa do exemplo, com o impacto do financiamento.

Tabela 4.12 – Fluxo de caixa com a influência de financiamento (valores em R$)

Ano	0	1	2	3	4	5
Redução nos custos		**10.000,00**	**10.000,00**	**10.000,00**	**10.000,00**	**10.000,00**
(-) Depreciação		4.500,00	4.500,00	4.500,00	4.500,00	4.500,00
(-) Despesas financeiras		2.100,00	1.756,02	1.377,65	961,44	503,61
(=) Lucro antes do IRPJ/CSLL		**3.400,00**	**3.743,98**	**4.122,35**	**4.538,56**	**4.996,39**
(-) IRPJ/CSLL		1.156,00	1.272,95	1.401,60	1.543,11	1.698,77
(=) Lucro depois do IRPJ/CSLL		**2.244,00**	**2.471,03**	**2.720,75**	**2.995,45**	**3.297,62**
(+) Depreciação		4.500,00	4.500,00	4.500,00	4.500,00	4.500,00
(-) Amortização		3.439,75	3.783,72	4.162,09	4.578,30	5.036,13
(-) Investimentos	30.000,00					
(+) Liberação de financiamento	21.000,00					
(+) Valor residual						7.175,00
(=) Fluxo de caixa líquido	**(9.000,00)**	**3.304,25**	**3.187,31**	**3.058,66**	**2.917,15**	**9.936,49**

Fonte: Elaborada pelos autores.

Se calcularmos a TIR nesta situação, encontramos um resultado de 32,52% ao ano. Se não tivéssemos obtido o financiamento, a projeção dos fluxos de caixa seria a apresentada na Tabela 4.13.

Tabela 4.13 — Fluxo de caixa sem a influência de financiamento (valores em R$)

Ano	0	1	2	3	4	5
Redução nos custos		10.000,00	10.000,00	10.000,00	10.000,00	10.000,00
(-) Depreciação		4.500,00	4.500,00	4.500,00	4.500,00	4.500,00
(-) Despesas financeiras						
(=) Lucro antes do IRPJ/CSLL		5.500,00	5.500,00	5.500,00	5.500,00	5.500,00
(-) IRPJ/CSLL		1.925,00	1.925,00	1.925,00	1.925,00	1.925,00
(=) Lucro depois do IRPJ/CSLL		3.575,00	3.575,00	3.575,00	3.575,00	3.575,00
(+) Depreciação		4.500,00	4.500,00	4.500,00	4.500,00	4.500,00
(-) Amortização						
(-) Investimentos	30.000,00					
(+) Liberação de financiamento						
(+) Valor residual						7.175,00
(=) Fluxo de caixa líquido	**(30.000,00)**	**8.075,00**	**8.075,00**	**8.075,00**	**8.075,00**	**15.250,00**

Fonte: Elaborada pelos autores.

A TIR quando não se considera o financiamento é de 15,81% ao ano. Ou seja, diferente da situação em que há financiamento, em que foi encontrada uma TIR de 32,52% ao ano.

Assim, quando houve o financiamento, obtivemos uma TIR maior, podendo até viabilizar o investimento caso o custo de capital próprio seja inferior a essa rentabilidade. O financiamento utilizado para a compra do equipamento proporcionou uma alavancagem financeira e, neste caso, transformou uma alternativa de investimento que antes era inviável economicamente, em uma alternativa possivelmente viável.

4.7 – Exercícios

1) Suponha um financiamento no valor de R$ 120.000,00 no sistema Price de Amortização em 6 parcelas mensais, em que a primeira parcela é paga um mês após a liberação do financiamento. A taxa de juros do financiamento é de 1% ao mês. Dessa forma, construa o quadro de amortização (tabela Price) para esta situação.

Período (k)	Saldo devedor (SD_k)	Prestação (p_k)	Amortização (a_k)	Juros (j_k)
0				
1				
2				
3				
4				
5				
6				

2) Para o mesmo caso descrito no Exercício 1, construa o quadro de amortização, considerando que o financiamento seja amortizado pelo sistema de amortização constante (SAC).

3) Construa o quadro de amortização para o mesmo caso dos Exercícios 1 e 2, considerando o Sistema de Amortização Americano, o Sistema de Amortização Misto e o Sistema de Amortização Alemão.

4) Uma empresa pretende realizar um empréstimo de R$ 150.000,00 para renovar seu maquinário. O banco que irá ofertar esse empréstimo pretende cobrar uma taxa de juros de 0,8% ao mês, capitalizados anualmente, e o prazo de amortização será de 10 anos. Neste caso, construa as tabelas de amortização, considerando períodos anuais para os seguintes sistemas:

a) Francês (Price)

b) SAC

c) Americano

d) Misto

e) Alemão

5) Suponha um empréstimo de R$ 20.000,00 que deverá ser quitado em 5 anos. Os juros desse empréstimo são de 10% ao ano, e será oferecido um prazo de carência de 2 anos com juros. Construa o quadro de amortização para esta situação, considerando o sistema Price de amortização e o Sistema de Amortização Constante (SAC).

6) Uma empresa do ramo de geração de energia pretende investir em uma pequena central hidrelétrica de 10 MW de potência instalada, e que é capaz de gerar 51.684 MWh ao ano. A energia será comercializada por um preço médio de R$ 170/MWh durante 20 anos, e toda a produção será comercializada.

Os demais dados do projeto são:

Investimentos

Obras civis:	R$ 18.900.000,00
Equipamentos eletromecânicos:	R$ 13.500.000,00
Equipamentos diversos:	R$ 11.700.000,00
Gastos pré-operacionais:	R$ 900.000,00

Encargos setoriais (ao ano)

Taxa ANEEL:	R$ 4,33 por kW instalado
Taxa de uso do sistema de distribuição:	R$ 4,64 por kW instalado
Cotas da reserva global de reversão:	3% da receita líquida
Encargos de uso do sistema:	R$ 3,29 por kW instalado
Custos de O&M (ao ano):	R$ 6,00 por MWh

Despesas (ao ano)

Seguros da usina:	0,3% do investimento inicial
Administrativas:	R$ 42.000,00
Arrendamento:	1% da receita bruta

Taxa de depreciação da PCH:

20% ao ano sobre os gastos pré-operacionais

5% ao ano sobre as obras civis, equipamentos eletromecânicos e equipamentos diversos

Os impostos que incidem sobre a receita bruta total correspondem ao PIS (com alíquota de 1,65%) e COFINS (com alíquota de 7,60%).

O IRPJ/CSLL é cobrado sobre o lucro antes dos tributos com uma alíquota de 34%.

A taxa mínima de atratividade é de 15% ao ano.

Sabe-se que 70% do total do investimento inicial poderá ser financiado junto a uma linha de financiamento específica para projetos de geração de energia limpa. O prazo de financiamento é de 15 anos, com carência de 1 ano (com juros), sendo considerado o sistema SAC. A taxa de juros real é de 7,40% ao ano.

Observação: 1 MW = 1.000 kW.

Elabore o fluxo de caixa do projeto e determine o VPL e a TIR do investimento antes e após a influência do financiamento no fluxo de caixa do projeto.

5 – Substituição de equipamentos

5.1 – Eficiência decrescente de equipamentos

Neste capítulo, o enfoque é a apresentação e discussão acerca das técnicas utilizadas para a tomada de decisão entre continuar a produção a partir de determinado equipamento ou substituí-lo por um novo que se enquadre melhor técnica e economicamente.

Para tanto, os primeiros conceitos necessários para compreender essa tomada de decisão são os de vida útil e econômica. A vida útil corresponde ao período em que um equipamento qualquer desempenha naturalmente suas funções. Para isso, ela depende do projeto do equipamento, operação em condições apropriadas, realização correta das manutenções, obsolescência, entre outros.

O caso de substituição de equipamentos se caracteriza quando ele sofre desgaste com o passar do tempo, com os custos de manutenção aumentando e, com isso, sofre perda de valor de mercado. Assim, ocorre uma situação em que não se torna mais economicamente vantajoso permanecer com o equipamento, e, embora ele tenha desempenho adequado, devemos dar baixa nele, ou seja, cessar sua operação. Nesses casos, costuma-se dizer que o equipamento atingiu o fim de sua vida econômica.

Os problemas que envolvem a decisão de substituir equipamentos abrangem desde a seleção de ativos idênticos, porém novos, para substituir os existentes até a avaliação de ativos que são de característica distinta, mas que desempenham a mesma função do ativo antigo.

Para um melhor entendimento, vamos supor uma empresa com uma frota de caminhões antigos. Eles podem ser substituídos por novos caminhões de modelo idêntico ao que a empresa possui, mas também podem ser trocados pelo serviço de uma transportadora, por exemplo. A decisão de substituição de um equipamento é crítica para uma empresa, pois o investimento em um equipamento é capital intensivo e irreversível, além de se tratar de um ativo sem liquidez imediata.

Uma má tomada de decisão em relação à substituição de um equipamento pode gerar maiores custos operacionais para uma empresa, e deterioração de sua capacidade técnica, exigindo maior esforço para produzir e gerar negócios no curto prazo. Dessa forma, podem gerar piora no resultado do capital de giro de uma empresa. Portanto, trata-se de uma tomada de decisão que requer o uso dos critérios do VPL e VAUE com muito cuidado.

Existem cinco tipos de substituições de equipamento, os quais estudaremos a seguir:
- Baixa sem reposição;
- Substituição idêntica;
- Substituição não idêntica;
- Substituição com progresso tecnológico;
- Substituição estratégica.

5.2 – Baixa sem reposição

Existem situações em que o equipamento está perdendo a razão de existir devido à evolução tecnológica dos produtos e processos. Nesses casos, podemos suspender a utilização do equipamento e vendê-lo, sem realizar sua substituição.

Uma linha de fabricação de certo produto está experimentando uma redução de vendas e aumento nos custos de operação, com a previsão para os próximos anos, dos seguintes ganhos e valores residuais descritos na Tabela 5.1.

Tabela 5.1 – Ganhos e valores residuais do equipamento

Ano	Ganhos (R$)	Valores residuais (R$)
0		40.000
1	30.000	30.000
2	22.000	20.000
3	11.000	10.000

Fonte: Elaborada pelos autores.

Supondo que a TMA é de 12% ao ano, quando deverá ser dada a baixa sem reposição?

Para tomar essa decisão, o procedimento mais usual é realizar a análise incremental, fazendo as diferenças sucessivas entre os fluxos de caixa entre o ano n e o ano $n - 1$. Para o exemplo ilustrado na Tabela 5.1, temos os seguintes fluxos de caixa para cada um dos três anos:

Figura 5.1 – Fluxo de caixa em cada ano

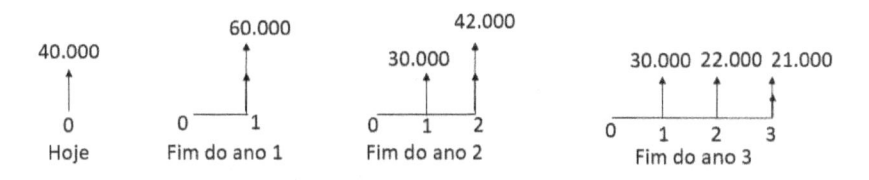

Fonte: Elaborada pelos autores.

Dessa forma, teremos o seguinte fluxo de caixa incremental no ano 1:

Figura 5.2 – Fluxo de caixa incremental no ano 1

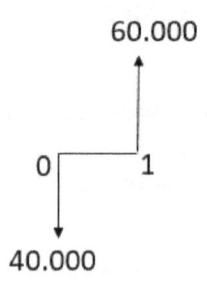

Fonte: Elaborada pelos autores.

Neste caso, considerando a TMA de 12% ao ano, temos o VPL de R$ 13.571,43. Sendo assim, como o VPL é maior que zero, considera-se não realizar a baixa do equipamento no final do ano 1.

Agora vamos analisar a situação ao final do ano 2. Neste caso, o fluxo de caixa incremental é representado pela diferença entre o fluxo de caixa no ano 2 e no ano 1, ilustrado na Figura 5.3.

Figura 5.3 – Fluxo de caixa incremental no ano 2

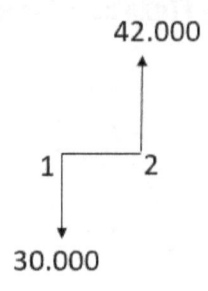

Fonte: Elaborada pelos autores.

O VPL para esta situação é de R$ 7.500,00, e, portanto, devemos novamente considerar que não deve ser feita a baixa do equipamento.

Passamos então para a análise da situação ao final do ano 3. O fluxo de caixa incremental nesta situação será a diferença entre o fluxo de caixa no ano 3 e no ano 2, ilustrada na Figura 5.4.

Figura 5.4 – Fluxo de caixa incremental no ano 3

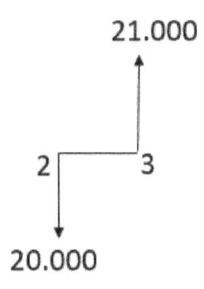

Fonte: Elaborada pelos autores.

Assim, encontramos para esta situação um VPL negativo de R$ 1.250,00, o que indica que deve ser feita a baixa do equipamento, ou seja, o equipamento deve ser vendido no final do segundo ano.

5.3 – Substituição idêntica

A substituição idêntica se refere aos casos em que praticamente não há nenhuma evolução tecnológica relacionada ao equipamento, e, portanto, a consideração econômica de incrementos tecnológicos é negligenciável. Para o entendimento de como é analisado esse tipo de substituição, devemos retomar o conceito de vida econômica do equipamento. Vimos que a vida econômica do equipamento termina quando não é mais vantajoso economicamente manter o ativo em posse da empresa. Nesse sentido, também podemos interpretar que a vida econômica é o número de anos em que o valor anual uniforme equivalente dos custos – também chamado de custo anual uniforme equivalente (CAUE) – da posse é o menor possível. Para isso, devemos examinar dois tipos de custo: o de investimento no equipamento e o de operação e manutenção.

Para entendermos melhor, vamos considerar o seguinte exemplo: um automóvel novo de uma determinada marca popular custa R$ 30.000,00, e os valores de mercado e de custos de operação e manutenção, durante o período de 4 anos, estão descritos na Tabela 5.2. Para a avaliação do CAUE desse automóvel, considera-se a TMA de 12% ao ano.

Tabela 5.2 – Custos de operação e manutenção e valor de mercado do automóvel

Ano	Custo de operação e manutenção (O&M) (R$)	Valor de mercado (R$)
0		30.000
1	600	24.000
2	1.000	19.000
3	1.500	17.000
4	2.200	11.000

Fonte: Elaborada pelos autores.

Figura 5.5 – Fluxo de caixa do automóvel em cada ano

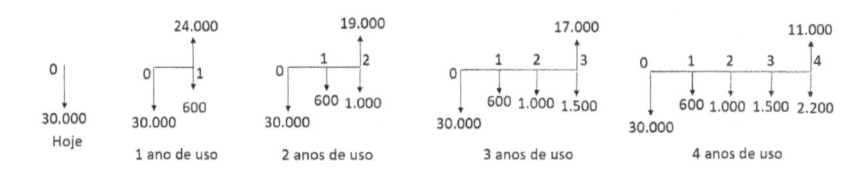

Fonte: Elaborada pelos autores.

No caso da substituição idêntica, a análise incremental não oferece vantagem de ser utilizada, pois a expressão das diferenças sucessivas é mais complexa do que calcular diretamente o CAUE para cada ano.

Tabela 5.3 – Cálculo do CAUE do automóvel a cada ano

Ano	Custo O&M (R$)	Valor de mercado (R$)	VPL custo O&M (R$)	VPL valor de mercado (R$)	VPL total (R$)	CAUE
0		30.000				
1	-600	24.000	-535,71	21.428,57	-9.107,14	-10.200,00
2	-1.000	19.000	-797,19	15.146,68	-15.650,51	-9.260,38
3	-1.500	17.000	-1.067,67	12.100,26	-18.967,41	-7.897,06
4	-2.200	11.000	-1.398,14	6.990,70	-24.407,44	-8.035,77

Fonte: Elaborada pelos autores.

A partir dos resultados descritos na Tabela 5.3, observa-se que o menor CAUE para o automóvel ocorre no terceiro ano. Ou seja, como ele é minimizado no terceiro ano, considera-se, portanto, que a vida econômica do automóvel é de 3 anos.

5.4 – Substituição não idêntica

Nos problemas de substituição não idêntica, existe um ativo desafiante com características diferentes do ativo atualmente mantido pela empresa, também chamado de ativo defensor. Para decidir se deve ocorrer a substituição do ativo defensor, é necessário determinar a vida econômica do desafiante, visto que o ativo que apresentar o menor CAUE para a sua vida econômica deve ser escolhido.

Para tomar a decisão, a análise deve considerar a troca por um desafiante com características diferentes e por meio de duas decisões: a) a existência ou não da substituição, por meio da análise dos custos do desafiante e do defensor; e b) em caso de troca, realizar a análise de quando ela deverá ocorrer.

Vamos considerar o seguinte exemplo, para compreender esse tipo de substituição: suponha que uma empresa de ônibus está considerando a substituição de sua linha antiga. Neste caso, a Tabela 5.4 traz as características econômicas dos ônibus da linha antiga.

Tabela 5.4 – Valor de mercado e custos de operação da linha antiga

Ano	0	1	2	3	4	5
Valor de mercado (R$)	700.000	600.000	400.000	300.000	200.000	0
Custo de operação (R$)	-	200.000	300.000	400.000	500.000	600.000

Fonte: Elaborada pelos autores.

O ônibus da nova linha tem vida útil de 20 anos e custo inicial de R$ 3.500.000,00. Os custos operacionais são os seguintes: R$ 50.000,00 no 1° ano; R$ 80.000,00 no 2° ano;

R\$ 110.000,00 no 3° ano; e assim progride, com os sucessivos aumentos de R\$ 30.000,00 a cada ano, até o final dos 20 anos de vida útil. Considera-se uma TMA de 10% ao ano, sendo que o valor da revenda é dado por $\dfrac{3.500.000}{(1,1)^n}$.

Graficamente, podemos escrever o fluxo de caixa para a aquisição de cada ônibus novo, conforme ilustrado na Figura 5.6.

Figura 5.6 – Fluxo de caixa para a compra de ônibus novo

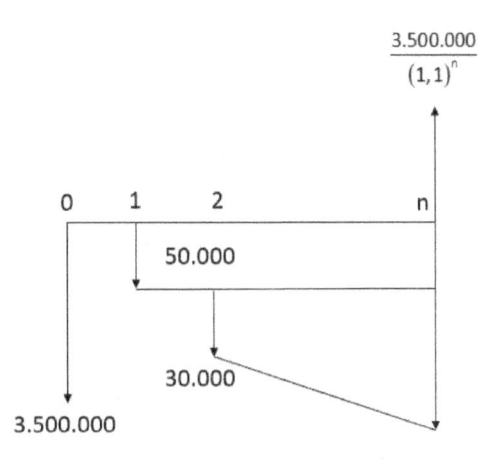

Fonte: Elaborada pelos autores.

Inicialmente, fazemos a estimativa do CAUE para 5 anos, 10 anos, 15 anos e 20 anos. Os resultados estão descritos na Tabela 5.5.

Tabela 5.5 – CAUE para 5 anos, 10 anos, 15 anos e 20 anos

Anos	5 anos	10 anos	15 anos	20 anos
CAUE – investimento inicial (R$)	-923.291,18	-569.608,88	-460.158,22	-411.108,69
CAUE – custos de operação (R$)	-104.303,78	-161.763,82	-208.368,00	-245.242,25
VAUE – valor de revenda (R$)	355.968,72	84.668,73	26.371,00	9.083,42
CAUE total (R$)	- 671.626,24	-646.703,97	-642.155,22	-647.267,52

Fonte: Elaborada pelos autores.

Observa-se que os valores do CAUE estão escritos com o sinal negativo, por se tratar de custos que representam saídas de caixa relacionados ao novo ônibus. Por sua vez, o valor de revenda é representado por um VAUE com sinal positivo, visto que representa o valor obtido por meio de uma eventual revenda no correspondente período.

Por meio da Tabela 5.4, é possível notar que a vida econômica da alternativa desafiante está próxima de 15 anos. Neste caso, devemos realizar uma nova tentativa para identificar uma melhor aproximação da vida econômica. Para tanto, conforme descrito na Tabela 5.6, foram estimados os valores de CAUE para 13 anos, 14 anos, 15 anos e 16 anos.

Tabela 5.6 – CAUE para 13 anos, 14 anos, 15 anos e 16 anos

Anos	13 anos	14 anos	15 anos	16 anos
CAUE – investimento inicial (R$)	-492.724,83	-475.111,78	-460.158,22	-447.358,17
CAUE – custos de operação (R$)	-190.963,76	-199.865,86	-208.368,00	-216.480,22

Anos	13 anos	14 anos	15 anos	16 anos
VAUE – valor de revenda (R$)	41.342,30	32.945,84	26.371,00	21.187,97
CAUE total (R$)	-642.346,29	-642.031,80	-642.155,22	-642.650,42

Fonte: Elaborada pelos autores.

A partir da Tabela 5.6, observa-se que a vida econômica da alternativa desafiante é de 14 anos. Após obter esse resultado, é possível ir para o passo seguinte, que é identificar quando deve ser feita a troca dos ônibus. O critério de decisão para considerar a troca é quando o CAUE da alternativa desafiante for inferior ao CAUE da alternativa defensora.

No exemplo, como está sendo utilizado o CAUE e não há substituição idêntica para o defensor, devemos considerar um horizonte de 5 anos, que é a vida adicional máxima, e, a partir do sexto, o CAUE é igual a R$ 642.031,80 para todas as alternativas. Inicialmente, vamos considerar a manutenção do ônibus por mais um ano. Para este caso, temos o fluxo de caixa ilustrado na Figura 5.7.

Figura 5.7 – Manter os ônibus por mais um ano

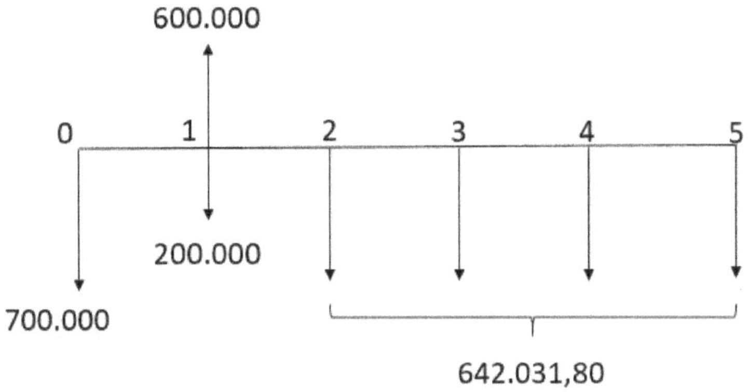

Fonte: Elaborada pelos autores.

No caso de manter os ônibus por mais um ano, teremos o CAUE igual a R$ 576.794,25. Neste caso, compensa a manutenção dos ônibus por mais um ano. Agora, vamos analisar se forem mantidos os ônibus por mais dois anos, a partir do fluxo de caixa da Figura 5.8.

Figura 5.8 – Manter os ônibus por mais dois anos

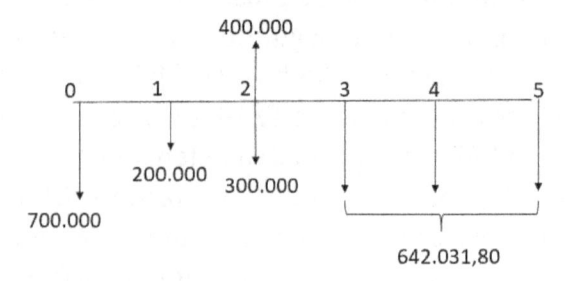

Fonte: Elaborada pelos autores.

Ao mantermos os ônibus por mais dois anos, teremos o CAUE igual a R$ 558.910,13. Portanto, ainda continua vantajoso manter a linha antiga de ônibus. Em seguida, vamos examinar o caso de manter os ônibus por mais três anos, cujo fluxo de caixa está ilustrado na Figura 5.9.

Figura 5.9 – Manter os ônibus por mais três anos

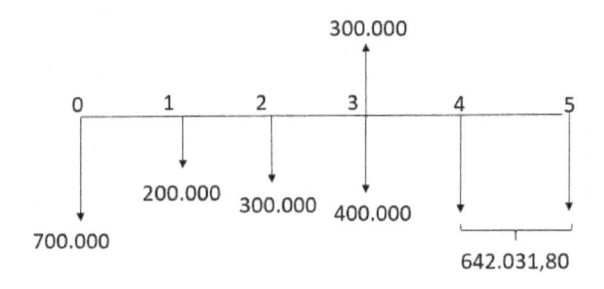

Fonte: Elaborada pelos autores.

Se os ônibus forem mantidos por mais três anos, teremos um CAUE igual a R$ 538.687,95, e continuará sendo vantajoso manter a linha antiga. Vejamos, agora, a situação se os ônibus forem mantidos por mais quatro anos.

Figura 5.10 – Manter os ônibus por mais quatro anos

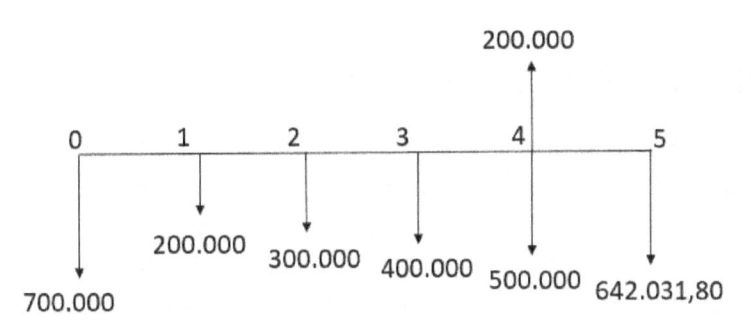

Fonte: Elaborada pelos autores.

A manutenção dos ônibus por mais quatro anos implica o resultado de CAUE igual a R$ 536.520,09. Finalmente, vamos analisar se mantivermos os ônibus antigos durante seus cinco anos de vida adicional máxima.

Figura 5.11 – Manter os ônibus por cinco anos

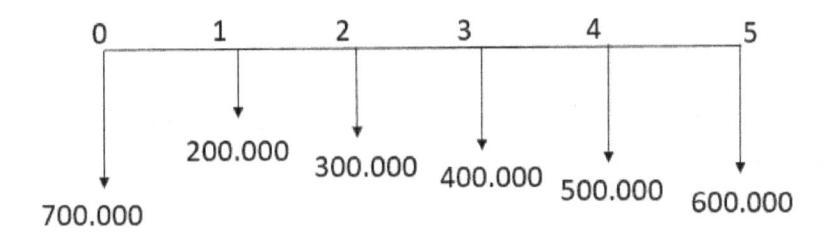

Fonte: Elaborada pelos autores.

Se os ônibus forem mantidos durante os cinco anos de sua vida adicional máxima, teremos um CAUE igual a R$ 565.670,83. Observa-se que nenhum CAUE foi inferior a R$ 642.031,80 quando analisamos a manutenção dos ônibus durante cada um dos cinco anos de vida adicional. Portanto, a troca dos ônibus deve ser feita após o final de cinco anos, quando for esgotada a vida adicional máxima da linha antiga.

5.5 – Substituição com progresso tecnológico

Até o momento, vimos apenas tipos de substituição de equipamentos que desconsideram o progresso tecnológico, que faz com que os equipamentos sejam aperfeiçoados no decorrer do tempo. No tipo de substituição com progresso tecnológico, é considerado o custo da obsolescência, e são comparados os custos do equipamento existente com os custos dos equipamentos que serão introduzidos no mercado nos períodos futuros.

Para um melhor entendimento, consideremos o seguinte exemplo: vamos supor uma máquina movida a combustível, e supor que o preço de novas máquinas do mesmo tipo seja constante, mas que o gasto com o consumo de combustível deva diminuir devido ao progresso tecnológico. Vamos imaginar que a máquina tenha sido comprada por uma empresa pelo valor de R$ 500.000,00 e que a depreciação seja conforme ilustra a Tabela 5.7.

Tabela 5.7 – Valor de revenda do equipamento

Ano	Valor de revenda (R$)
0	
1	360.000
2	310.000

Ano	Valor de revenda (R$)
3	270.000
4	230.000
5	200.000
6	180.000
7	162.500

Fonte: Elaborada pelos autores.

Com base nos dados de consumo do equipamento, sabe-se que o custo com o uso diário do equipamento aumenta, conforme descrito na Tabela 5.8.

Tabela 5.8 – Aumento dos custos do equipamento atual

Ano	Custo por dia(R$)
0	
1	12
2	15
3	16
4	17
5	18
6	19,5
7	21

Fonte: Elaborada pelos autores.

Para os equipamentos novos, os custos diários são decrescentes devido ao progresso tecnológico, que permite um melhor rendimento e durabilidade. Na Tabela 5.9, estão resumidos os custos diários dos equipamentos novos.

Tabela 5.9 – Aumento dos custos do equipamento novo

Ano	Custo por dia (R$)
0	
1	12
2	12
3	11
4	11
5	10
6	10
7	9

Fonte: Elaborada pelos autores.

Para solucionar o problema, será considerada uma TMA de 10% ao ano, e o primeiro passo consiste no cálculo do CAUE do investimento, resumido na Tabela 5.10.

Tabela 5.10 – Cálculo do CAUE do investimento

Ano da revenda	CAUE do investimento inicial (R$)	VAUE do valor da revenda (R$)	CAUE do investimento (R$)
1	550.000,00	360.000,00	190.000,00
2	288.095,24	147.619,05	140.476,19
3	201.057,40	81.571,00	119.486,40
4	157.735,40	49.558,28	108.177,12
5	131.898,74	32.759,50	99.139,24
6	114.803,69	23.329,33	91.474,36
7	102.702,75	17.128,39	85.574,36

Fonte: Elaborada pelos autores.

Em seguida, deve ser feito o cálculo da inferioridade do serviço, que corresponde à diferença em relação ao veículo mais recente, e é calculado pela diferença do custo do consumo de combustível no ano. Neste caso, vamos considerar que o consumo diário de combustível da máquina é de 90 litros por dia, sendo que no período de um ano é de 32.850 litros. Na Tabela 5.11, estão resumidas o cálculo do CAUE para essa diferença de custo.

Tabela 5.11 – Cálculo do CAUE para a inferioridade de serviço (valores em R$)

Ano da revenda	Inferioridade de serviço no ano	Valor presente da inferioridade de serviço (R$)	Somatório do valor presente	CAUE da inferioridade de serviço
1	0	0	0	0
2	98.550	81.446,28	81.446,28	46.928,57
3	164.250	123.403,46	204.849,74	82.373,11
4	197.100	134.621,95	339.471,69	107.093,41
5	262.800	163.178,12	502.649,81	132.597,75
6	312.075	176.158,20	678.808,01	155.859,33
7	394.200	202.286,93	881.094,94	180.981,75

Fonte: Elaborada pelos autores.

Após essa etapa, finalmente podemos calcular a vida econômica com base no somatório do CAUE do investimento com o CAUE da inferioridade de serviço. Na Tabela 5.12, estão resumidos estes resultados.

Tabela 5.12 – Determinação da vida econômica

Ano da revenda	Inferioridade do serviço baseado no CAUE (R$)
1	190.000,00
2	187.404,76
3	201.859,52
4	215.270,52
5	231.737,00
6	247.333,69
7	266.556,10

Fonte: Elaborada pelos autores.

Os resultados da Tabela 5.12 indicam que a inferioridade mínima de serviço é obtida quando a venda é realizada no final do segundo ano. O custo de R$ 187.404,76 é chamado de mínimo adverso e leva em consideração a comparação dos custos de utilização do equipamento com a tecnologia que deverá surgir no mercado.

5.6 – Substituição estratégica

Devido à globalização e os avanços tecnológicos nos meios produtivos, tornou-se essencial a modernização contínua dos equipamentos. Quando se trata da avaliação de novas tecnologias, as economias de custos proporcionadas no processo produtivo são reverenciadas, e, entre os exemplos, podemos mencionar: a redução de estoques, minimização de desperdícios, menor retrabalho e otimização da produção.

Considerar as vantagens proporcionadas pela atualização dos equipamentos tornou-se relevante, pois o melhor meio de produzir para uma organização é aquele que torna o negócio mais lucrativo. Portanto, uma das abordagens para avaliar a substituição estratégica de equipamentos leva em consideração que a inferioridade de serviço deve considerar não só a obsolescência da operação, mas também o decréscimo nas receitas que um equipamento obsoleto provoca. Assim, não se comete o erro de se considerar que as receitas continuarão iguais, caso o processo produtivo não se modernize.

Para um melhor entendimento, vamos considerar o seguinte exemplo: a mesma máquina avaliada no caso da substituição por progresso tecnológico. Porém, agora, vamos considerar que, além dos custos, também ocorre um decréscimo de receita proporcionado pelo uso de uma máquina que vai se tornando obsoleta dentro do processo produtivo. No primeiro ano, a receita é na ordem de R$ 250.000,00, e ao longo de cada ano ocorre um decréscimo de R$ 60.000,00. As demais informações são as mesmas, e agora vamos determinar a vida econômica nesta situação.

Para este caso, basta somar os valores do CAUE da inferioridade de serviço provocada pela redução das receitas com o CAUE da inferioridade de serviço obtidos no exemplo analisado para a substituição por progresso tecnológico, cujos resultados estão na Tabela 5.11.

Os resultados do CAUE da inferioridade de serviço oriunda da redução das receitas estão resumidos na Tabela 5.13.

Tabela 5.13 – Cálculo do CAUE para a inferioridade de serviço provocada pela redução das receitas

Ano da revenda	Inferioridade de serviço no ano (redução das receitas) (R$)	Valor presente da inferioridade de serviço (redução das receitas) (R$)	Somatório do valor presente	CAUE da inferioridade de serviço (redução das receitas) (R$)
1	0	0	0	0
2	30.000	24.739,39	24.739,39	14.285,71

Ano da revenda	Inferioridade de serviço no ano (redução das receitas) (R$)	Valor presente da inferioridade de serviço (redução das receitas) (R$)	Somatório do valor presente	CAUE da inferioridade de serviço (redução das receitas) (R$)
3	60.000	45.078,89	69.872,28	28.096,68
4	90.000	61.471,21	131.343,49	41.435,04
5	120.000	74.510,56	205.854,05	54.303,78
6	150.000	84.671,09	290.525,14	66.706,72
7	180.000	92.368,46	382.893,60	78.648,45

Fonte: Elaborada pelos autores.

Em seguida, somando o CAUE da inferioridade de serviço proveniente da redução das receitas com o CAUE da inferioridade de serviço obtido anteriormente, é possível encontrar a vida econômica. Na Tabela 5.14, temos os resultados que permitem encontrar a vida econômica neste caso.

Tabela 5.14 – Determinação da nova vida econômica

Ano da revenda	Inferioridade do serviço baseado no CAUE (R$)
1	190.000,00
2	201.690,48
3	229.956,19
4	256.705,56
5	286.040,78
6	314.040,41
7	345.204,55

Fonte: Elaborada pelos autores.

A partir da Tabela 5.14, observa-se que a inferioridade mínima de serviço agora é quando a máquina é vendida no final do primeiro ano. Ou seja, diminuiu de dois para um ano. A consideração da perda de receita devido à obsolescência da máquina muda o resultado que orienta a tomada de decisão.

5.7 – Exercícios

1) Suponha um trator abastecido por diesel, utilizado por uma indústria. Tem sido cogitada a venda desse trator ou a continuidade de seu uso se for mais atrativo economicamente.

O valor da revenda hoje é de R$ 75.000,00; porém, ao final de um ano, esse valor é de R$ 25.000,00 e, após dois anos, R$ 5.000,00. Daqui a três anos, esse valor já será zero.

A manutenção desse trator exige gastos de R$ 25.000,00 por ano. Porém, estão previstos ganhos econômicos (receitas) de R$ 85.000,00 no primeiro ano, R$ 45.000,00 no segundo ano e R$ 35.000,00 no terceiro ano.

Baseando-se nestas informações, quando a empresa deverá realizar a venda? Considere uma TMA de 8% ao ano.

2) Considere os seguintes valores de revenda e custos de manutenção de uma determinada moto:

Ano	Revenda (R$)	Custos (R$)
1	40.000,00	2.000,00
2	33.000,00	5.000,00
3	29.000,00	8.000,00
4	24.000,00	11.000,00
5	18.000,00	15.000,00

O preço de uma moto nova é de R$ 50.000,00. Considerando uma TMA de 8% ao ano, responda: é mais atrativo comprar uma moto zero km e ficar com ela cinco anos ou comprar uma moto com um ano de uso e ficar com ela por quatro anos?

3) Uma empresa está avaliando a substituição de seu maquinário para manufatura aditiva. As características econômicas do maquinário atual estão ilustradas na tabela abaixo.

Ano	0	1	2	3
Valor de mercado (R$)	300.000	210.000	150.000	0
Custo de operação (R$)	-	50.000	80.000	110.000

O maquinário novo tem vida útil de 10 anos e custo inicial de R$ 1.000.000,00 e os custos operacionais são os seguintes: R$ 30.000,00 no 1° ano; R$ 45.000,00 no 2° ano; R$ 60.000,00 no 3° ano, e, assim progride, com os sucessivos aumentos de R$ 15.000,00 a cada ano, até o final dos 10 anos de vida útil. Considera-se uma TMA de 10% ao ano.

4) Suponha que um automóvel de uma determinada marca X tem um gasto de combustível que deve diminuir devido ao progresso tecnológico que resultará em modelos mais econômicos. O carro pode ser adquirido hoje pelo valor de R$ 100.000,00 e o valor de revenda decresce, conforme ilustrado na tabela a seguir.

Ano	Valor de revenda (R$)
1	81.000
2	78.000
3	75.000
4	62.000
5	55.000

É esperado que sejam percorridos 10.000 km por ano, sendo que o custo irá progredir conforme abaixo:

Ano	Custo por 1.000 km (R$)
1	10
2	11
3	12
4	13
5	14

Quanto às previsões do custo do km rodado dos carros novos, temos a seguinte situação:

Ano	Custo por 1.000 km para um modelo novo (R$)
1	10
2	10
3	9
4	9
5	8

Considerando uma TMA de 10% ao ano, determine a vida econômica do carro.

5) Vamos supor que uma locadora de veículos de uma cidade litorânea decida alugar os veículos da marca X para os turistas da região. Neste caso, determine a vida econômica do carro, considerando a inferioridade de serviço devido ao decréscimo de receitas proporcionadas pela locação dos carros velhos. Abaixo está descrita a evolução da inferioridade de serviço devido à obsolescência de mercado.

Ano	Inferioridade de serviço devido à obsolescência de mercado (R$)
1	0,00
2	8.000,00
3	10.000,00
4	12.000,00
5	13.000,00

6 – Avaliação de investimentos em condições de incerteza e risco

6.1 – Avaliação de investimento sob condições de incerteza

Até o momento, foram vistas apenas situações relacionadas à análise determinística de investimentos. Ou seja, problemas que supõem que os dados de entrada são perfeitamente conhecidos e sem considerar os riscos envolvidos. Entretanto, as incertezas associadas ao futuro tornam a tomada de decisão mais complexa, pois é difícil estimar riscos e estabelecer pressupostos para representar as incertezas associadas aos fluxos de caixa futuros.

Em uma situação de incerteza, o tomador de decisão desconhece como irá se comportar determinada variável que impacta diretamente os resultados do fluxo de caixa de um investimento. Todavia, à medida que ele recebe informações a respeito de como essas variáveis poderão se comportar, torna-se mais fácil estimar a probabilidade dos retornos que serão obtidos. Ou seja, quando a distribuição de probabilidade dos dados de entrada é conhecida, é possível analisar os retornos de um determinado investimento sob condições de risco; no caso de não se conhecerem essas informações, a tomada de decisão ocorre sob condições de incerteza.

Nas condições de incerteza, existem três possibilidades para realizar análises de investimentos. São elas: o uso de matrizes de decisão, a análise de sensibilidade e a simulação de Monte Carlo. A seguir, veremos com mais detalhes essas três alternativas.

6.2 – Uso de matrizes de decisão

O uso de matrizes de decisão consiste na construção de tabelas com diferentes alternativas de investimentos e possíveis eventos futuros. Dessa forma, uma matriz de decisão pode ser elaborada com os ganhos de diferentes alternativas para cada possível cenário.

Para tanto, vamos considerar o seguinte exemplo: uma empresa está considerando a construção de uma usina solar fotovoltaica e dispõe de três possíveis cidades diferentes para a instalação: Petrolina-PE, Montes Claros-MG e Macau-RN. Na Tabela 6.1 estão ilustradas as receitas das combinações possíveis de que a empresa dispõe e os níveis de radiação solar, que serão definidos como baixo, médio e alto.

Tabela 6.1 – Alternativas de investimentos e cenários de radiação solar

Alternativas	Baixo	Médio	Alto
Petrolina-PE	R$ 1.058.680,00	R$ 1.323.560,00	R$ 1.588.160,00
Montes Claros-MG	R$ 1.151.080,00	R$ 1.279.040,00	R$ 1.407.000,00
Macau-RN	R$ 1.104.880,00	R$ 1.300.040,00	R$ 1.494.920,00

Fonte: Elaborada pelos autores.

Supondo que a empresa não tenha condições de prever com exatidão os níveis de radiação que ocorrerão e não disponha de informações suficientes para estimar a probabilidade de ocorrência de cada nível, ela deverá tomar a decisão sob condições de incerteza. Para tanto, podem ser aplicados cinco tipos de regra para a tomada de decisão.

- 1ª regra: maximin (problemas de receitas) e minimax (problemas de custos)

Esta regra é conhecida como a regra do pessimista, pois o tomador de decisão escolherá a melhor receita dos piores resultados. Como o investidor nesta regra é um pessimista, ele tende a pensar que, se escolher o investimento em Montes Claros-MG, poderá ter um nível de radiação alto. Porém, ao mesmo tempo, ele pensa que poderá acontecer um nível de radiação baixo se escolher investir em Petrolina-PE ou Macau-RN. Assim, acaba optando em realizar o investimento em Montes Claros-MG, pois é no cenário pessimista que ele assegura o melhor entre os piores resultados.

- 2ª regra: maximax (problemas de receitas) e minimin (problemas de custos)

No caso desta regra, o tomador de decisão é um otimista. E, por ser um otimista, a tendência é que ele escolha a alternativa que proporciona o melhor resultado entre os melhores resultados. Essa situação ocorre com o investimento sendo realizado em Petrolina-PE, pois é nesta cidade que são observadas as maiores receitas, considerando níveis de radiação solar altos.

- 3ª regra: regra de Hurwicz

Nesta regra, já se considera a ponderação do grau de otimismo e pessimismo do tomador de decisão. Para entendermos, vamos supor que a empresa que irá investir na usina solar fotovoltaica seja 50% otimista e 50% pessimista. Assim, temos os seguintes resultados:

$$Receita_{PETROLINA} = (0,5 \times 1.058.680) + (0,5 \times 1.588.160) = 1.323.420$$

$$Receita_{M.CLAROS} = (0,5 \times 1.151.080) + (0,5 \times 1.407.000) = 1.279.040$$

$$Receita_{MACAU} = (0,5 \times 1.104.880) + (0,5 \times 1.494.920) = 1.299.900$$

Neste caso, pela regra de Hurwicz seria escolhida a alternativa de realizar o investimento em Petrolina-PE.

- 4ª regra: regra de Laplace

Pela regra de Laplace, são atribuídas as mesmas probabilidades para cada cenário analisado na matriz de decisão. A partir dessa premissa, calcula-se o valor esperado da receita de cada alternativa:

$$Receita_{PETROLINA} = (1/3 \times 1.058.680) + (1/3 \times 1.323.560) + (1/3 \times 1.588.160) = 1.323.467$$

$$Receita_{M.CLAROS} = (1/3 \times 1.151.080) + (1/3 \times 1.279.040) + (1/3 \times 1.407.000) = 1.279.040$$

$$Receita_{MACAU} = (1/3 \times 1.104.880) + (1/3 \times 1.300.040) + (1/3 \times 1.494.920) = 1.299.947$$

Considerando a regra de Laplace, seria escolhido realizar o investimento em Petrolina-PE.

- 5ª regra: regra de Savage (mínimo arrependimento)

Esta última regra consiste na elaboração do que chamamos de matriz de arrependimento. Para construir essa matriz, vamos considerar que a empresa escolheu realizar o investimento em Petrolina-PE. Assim, podemos inferir as seguintes condições:

- Caso o nível de radiação seja alto, não haverá arrependimento (zero), visto que foi escolhida a melhor alternativa.
- Caso o nível de radiação seja médio, também não haverá arrependimento (zero), pois Petrolina-PE ainda é a melhor alternativa nesta condição.

- Caso o nível de radiação seja ruim, o melhor seria escolher Montes Claros-MG. Neste caso, irá para a matriz a diferença entre 1.151.080 – 1.058.880 = 92.200.

A matriz de arrependimento para o caso do investimento na usina solar fotovoltaica está ilustrada na Tabela 6.2.

Tabela 6.2 – Exemplo de matriz de arrependimento (valores em R$)

Alternativas	Baixo	Médio	Alto	Pior caso
Petrolina-PE	92.200	0	0	92.200
Montes Claros-MG	0	44.520	181.160	181.160
Macau-RN	46.200	23.520	93.240	93.240

Fonte: Elaborada pelos autores.

Por meio da matriz de arrependimento, podemos observar que a escolha seria realizar o investimento em Petrolina-PE, pois nessa alternativa o máximo arrependimento será o menor.

6.3 – Análise de sensibilidade

A análise de sensibilidade tem como objetivo identificar o efeito que a variação de uma determinada variável pode causar nos resultados de possibilidade de um investimento. Quando uma pequena variação no valor de uma variável que impacta diretamente o fluxo de caixa altera significativamente os retornos de um investimento, considera-se que o investimento é altamente sensível ao comportamento dessa variável.

Para entendermos melhor, vamos analisar o seguinte exemplo: uma empresa de material esportivo pretende lançar uma linha de camisas de futebol mais popular para torcedores de clubes no início da temporada. A empresa investirá

R$ 500.000,00 nessa nova linha de produção e pretende vender 10.000 camisas por ano durante três anos. Os custos variáveis são de R$ 20,00 por camisa, e o preço, R$ 50,00, gerando uma margem de contribuição de R$ 30,00. Considere os custos fixos da produção no valor de R$ 100.000,00 por ano. Espera-se que os equipamentos da linha de produção sejam vendidos por R$ 150.000,00 no fim dos três anos.

Inicialmente, vamos investigar, entre o preço de venda e quantidade vendida, qual das variáveis afeta mais o VPL. Para isso, calcularemos o VPL para o cenário-base e, em seguida, vamos variar individualmente -20% e +20% o valor de cada uma dessas variáveis e observar o impacto no resultado do VPL. Considera-se uma TMA de 10% ao ano para a análise.

Na Figura 6.1, temos o fluxo de caixa para o cenário-base, sem variação nas variáveis que serão investigadas.

Figura 6.1 – Fluxo de caixa para o cenário-base

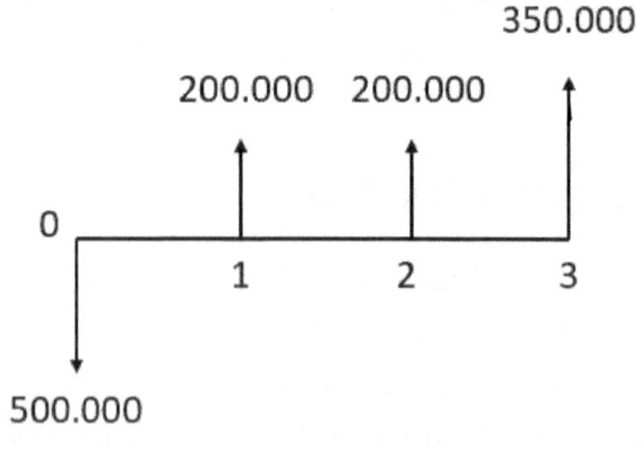

Fonte: Elaborada pelos autores.

Para o cenário-base, temos o resultado de VPL igual a R$ 110.067,62. Agora, vamos analisar como ficam os fluxos de caixa quando o preço varia entre -20% e +20%. Na Figura 6.2, temos o fluxo de caixa para a variação do preço em -20%. Neste caso, o resultado do VPL despenca para o valor negativo de -R$ 138.617,58.

Figura 6.2 – Fluxo de caixa quando o preço varia -20%

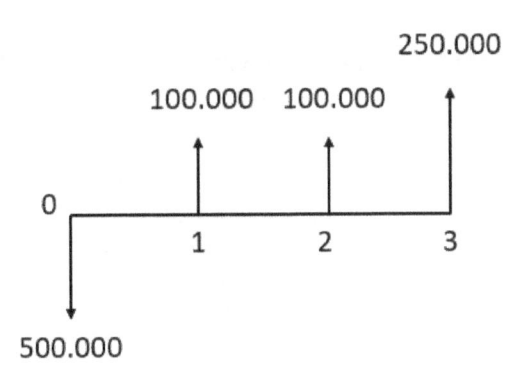

Fonte: Elaborada pelos autores.

Na Figura 6.3, está ilustrado o fluxo de caixa quando o preço varia +20%, tornando o resultado de VPL igual a R$ 358.752,82.

Figura 6.3 – Fluxo de caixa quando o preço varia +20%

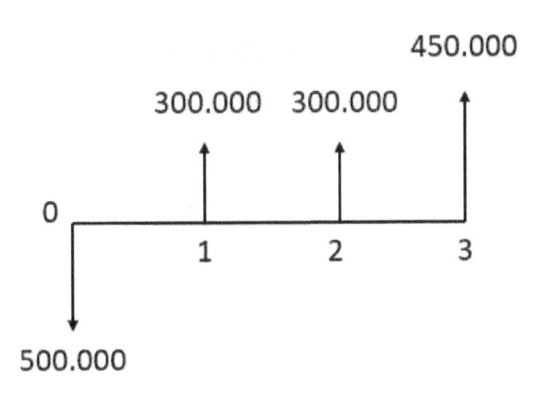

Fonte: Elaborada pelos autores.

Agora vamos variar individualmente em -20% e +20% os valores da quantidade vendida. Na Figura 6.4, temos o fluxo de caixa para a situação em que a quantidade vendida varia em -20% e o resultado do VPL cai para o valor negativo de -R$ 39.143,50.

Figura 6.4 – Fluxo de caixa quando a quantidade vendida varia -20%

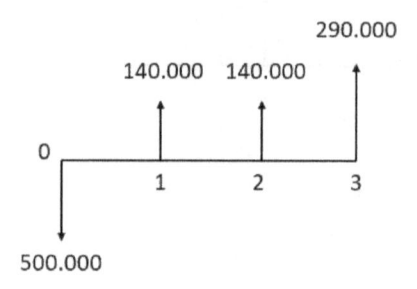

Fonte: Elaborada pelos autores.

Na Figura 6.5, temos o fluxo de caixa para a situação em que a variação da quantidade vendida é de +20%. Neste caso, o resultado do VPL sobe para R$ 259.278,74.

Figura 6.5 – Fluxo de caixa quando a quantidade vendida varia +20%

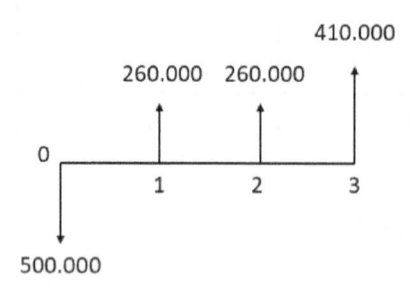

Fonte: Elaborada pelos autores.

A partir dos resultados obtidos na análise de sensibilidade, fica evidente que a variação do preço teve um impacto mais significativo para os resultados de VPL. No gráfico de sensibilidade ilustrado na Figura 6.6, é possível observar esse comportamento, por meio da maior inclinação da reta que representa a variação do preço de venda.

Figura 6.6 – Gráfico de sensibilidade

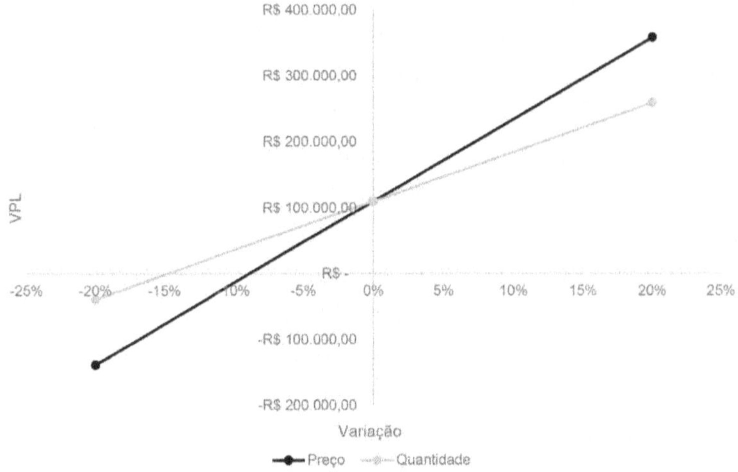

Fonte: Elaborada pelos autores.

No gráfico de sensibilidade podem ser adicionadas mais variáveis na análise, como por exemplo, o custo fixo, o custo variável unitário e o valor do investimento inicial. O procedimento é igual ao que foi feito para a análise do preço e da quantidade vendida, ou seja, a partir da investigação da sensibilidade de cada variável individualmente.

6.4 – Simulação de Monte Carlo

No exemplo que analisamos para compreender a respeito da análise de sensibilidade, vimos que foram consideradas as variações de duas variáveis individualmente. Também observamos que poderiam ter sido incluídas mais variáveis na análise, o que aumentaria o número de alternativas que seriam analisadas.

Além do aumento da complexidade quando se adicionam mais variáveis para analisar o impacto de suas variações no resultado do VPL, podemos avaliar o impacto delas de forma conjunta. Ou seja, em vez de analisarmos individualmente o impacto de cada variável, podemos avaliar os impactos das variações das variáveis de forma simultânea.

Para tanto, devemos recorrer ao recurso computacional, que viabiliza a inserção de distribuições de probabilidades para cada variável de interesse, e, a partir da geração de valores aleatórios, podemos realizar a quantidade de simulações que desejamos para obter uma distribuição de resultados de VPL. No caso da simulação, é possível considerar que as incertezas são transformadas em risco.

Na Figura 6.7, temos ilustrado um exemplo da simulação, em que se consideram incertezas sobre o preço, quantidade vendida e o investimento sobre o resultado de VPL. Ao ser produzida uma distribuição de resultados do VPL a partir das simulações, é possível obter a probabilidade de eles serem maiores ou menores que zero.

Figura 6.7 – Simulação para os resultados de VPL

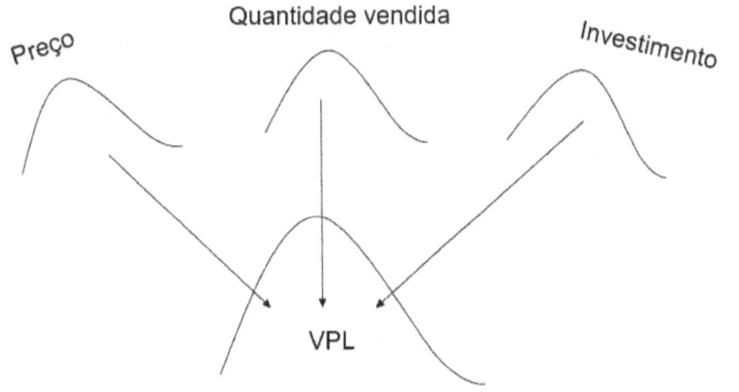

Fonte: Elaborada pelos autores.

O método mais popular para realizar as simulações para os resultados de VPL em uma análise de investimentos é chamado de simulação de Monte Carlo. Para realizá-la são efetuadas numerosas execuções, utilizando diferentes valores para as variáveis aleatórias. Para cada rodada da simulação, são selecionados aleatoriamente os valores para cada variável, que tem seu comportamento aleatório representado por uma distribuição de probabilidade. Dessa forma, diferentes amostragens das variáveis de entrada são executadas em cada rodada da simulação de Monte Carlo.

Podemos definir a execução do método em quatro etapas:

1) Para cada variável que influencia o fluxo de caixa, devemos estimar um intervalo de variação possível, estabelecendo uma distribuição de probabilidade correspondente que será transformada em uma distribuição de probabilidade acumulada.

2) Selecionar aleatoriamente cada variável, conforme suas probabilidades de ocorrência. A partir desses valores, serão calculados a TIR ou o VPL, para cada combinação selecionada aleatoriamente.

3) Repetir a simulação até obter uma distribuição de probabilidade do VPL ou da TIR do investimento.

4) Acumular a distribuição de probabilidades de retorno para ter uma visão melhor dos resultados. Podem ser posteriormente calculados a média e o desvio-padrão para facilitar a comparação entre alternativas.

Para um melhor entendimento, vamos considerar um projeto de investimento com as seguintes características:
- Investimento inicial: R$ 70.000,00
- Ganhos anuais esperados: R$ 14.000,00
- Valor residual: R$ 5.000,00
- Vida econômica: 10 anos
- TMA: 10% ao ano

O fluxo de caixa para o projeto com os valores esperados para cada variável é representado na Figura 6.8.

Figura 6.8 – Fluxo de caixa esperado do projeto

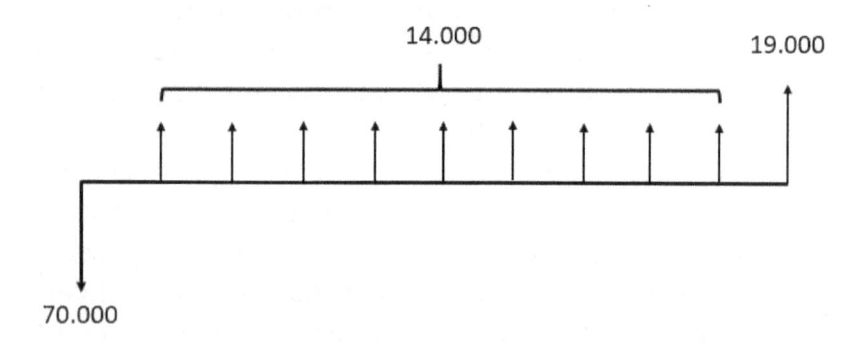

Fonte: Elaborada pelos autores.

O cálculo do VPL, considerando os valores esperados para as variáveis, resulta em R$ 17.951,66. Entretanto veremos que, se considerarmos o comportamento aleatório dessas variáveis, podem ser observados resultados bem distintos. Dessa forma, na Tabela 6.3 estão reunidas as probabilidades acumuladas (P_a) de cada variável (exceto a TMA, que se mantém sempre em 10% ao ano, e a vida econômica de 10 anos):

Tabela 6.3 – Probabilidades acumuladas para cada variável (valores em R$)

Investimento	P_a	Benefício	P_a	Valor residual	P_a
60.000	12	12.000	20	4.000	30
70.000	72	14.000	85	5.000	70
80.000	100	16.000	100	6.000	100

Fonte: Elaborada pelos autores.

As probabilidades acumuladas para cada variável também podem ser representadas de forma ilustrada, conforme caracterizado na Figura 6.9.

Figura 6.9 – Probabilidades acumuladas para cada variável

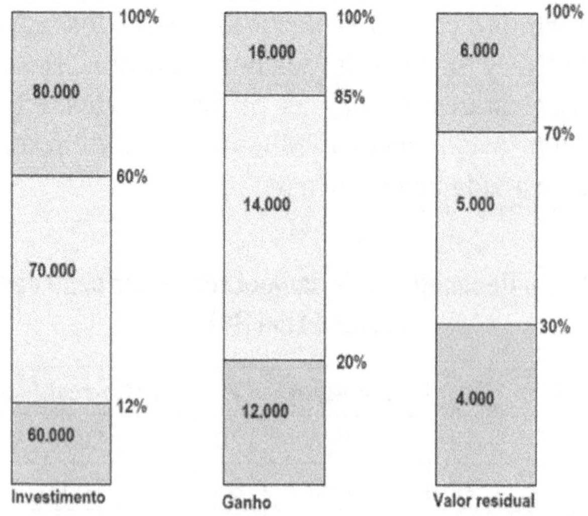

Fonte: Elaborada pelos autores.

Para se obter a combinação de valores em cada rodada de simulação, podem ser selecionados números aleatórios entre 0 e 100, por meio da função ALEATÓRIOENTRE (0;100) em uma planilha do MS Excel. Assim, os números aleatórios são usados como entradas nas distribuições acumuladas, com a finalidade de se obter o valor das variáveis.

Na Tabela 6.4, são apresentados 10 dos 100 resultados de VPL simulados. Na primeira linha, por exemplo, o número aleatório de 77 implica um valor de investimento de R$ 80.000,00. Por sua vez, o número aleatório de 21 indica um ganho de R$ 14.000,00. Cada linha da planilha representa um fluxo de caixa produzido pelos valores gerados aleatoriamente.

Tabela 6.4 – Exemplo de simulação de Monte Carlo

Rodada	Investimento	Aleatório	Ganhos	Aleatório	Valor residual	Aleatório	VPL
1	R$ 70.000	59	R$ 16.000	86	R$ 5.000	39	R$ 30.240,79
2	R$ 80.000	93	R$ 14.000	37	R$ 4.000	16	R$ 7.566,11
3	R$ 80.000	64	R$ 12.000	10	R$ 6.000	86	-R$ 3.951,93
4	R$ 70.000	45	R$ 14.000	23	R$ 4.000	9	R$ 17.566,11
5	R$ 70.000	48	R$ 14.000	41	R$ 6.000	79	R$ 18.337,20
6	R$ 80.000	69	R$ 14.000	75	R$ 4.000	1	R$ 7.566,11
7	R$ 80.000	88	R$ 14.000	55	R$ 5.000	33	R$ 7.951,66
8	R$ 70.000	25	R$ 16.000	92	R$ 5.000	37	R$ 30.240,79
9	R$ 80.000	92	R$ 14.000	28	R$ 4.000	23	R$ 7.566,11
10	R$ 70.000	38	R$ 16.000	85	R$ 5.000	58	R$ 30.240,79

Fonte: Elaborada pelos autores.

A partir dos 100 resultados de VPL simulados é possível calcular uma média e o desvio-padrão dos resultados encontrados. No exemplo em questão, foi encontrada uma média de R$ 14.982,74 e um desvio-padrão de R$ 11.045,72.

Por meio dos 100 resultados, também podemos construir o gráfico de distribuição de frequências dos resultados de VPL. Na Tabela 6.5, temos a distribuição de frequências simples e acumulada.

Tabela 6.5 – Probabilidades acumuladas para o resultado do VPL

Menor (R$)	Maior (R$)	Frequência simples	Frequência acumulada
-7.500	-2.500	7	7
-2.500	2.500	0	7
2.500	7.500	9	16
7.500	12.500	21	37
12.500	17.500	2	39
17.500	22.500	40	79
22.500	27.500	0	79
27.500	32.500	20	99
32.500	37.500	0	99
37.500	42.500	1	100

Fonte: Elaborada pelos autores.

Essas frequências oferecem uma aproximação da distribuição de probabilidades para os resultados de VPL, conforme ilustrado na Figura 6.10. Essa aproximação será melhor conforme for maior a quantidade de simulações.

No caso deste exemplo, observa-se, pela Figura 6.11, uma baixa probabilidade se algum cenário em que o VPL é menor que zero, sendo que essa chance é aproximadamente de 8,03%. Entretanto, quando comparamos a probabilidade de se obter um resultado de VPL inferior ao resultado de R$ 17.951,66 observado na análise determinística, observa-se que a chance é de 61,78%, indicando um certo risco de o resultado do VPL ser abaixo do valor esperado inicialmente. Essa informação é bastante relevante, principalmente quando tratamos de situações em que são comparadas alternativas de investimento.

Figura 6.10 – Distribuição de probabilidade dos resultados de VPL

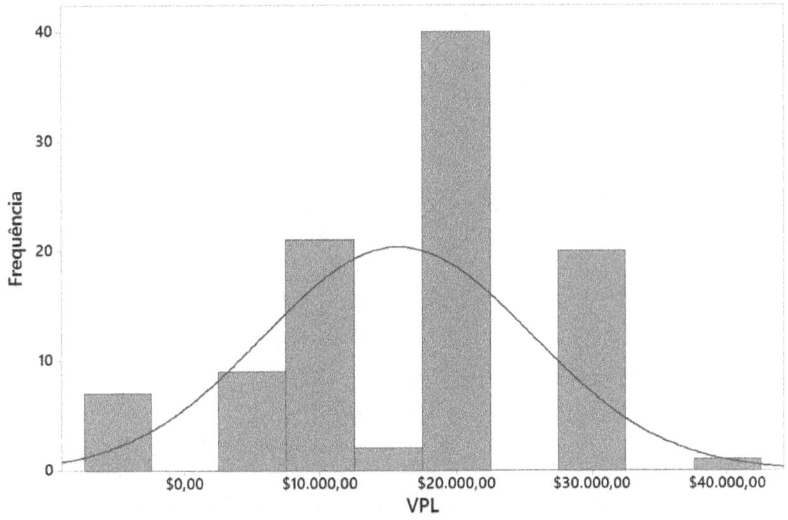

Fonte: Elaborada pelos autores.

6.5 – Árvores de decisão

As árvores de decisão são uma forma gráfica de representar as consequências atuais e futuras de uma tomada de decisão. Por meio delas é possível visualizar os riscos relacionados a cada possível decisão que possa ser realizada. Na Figura 6.11, está ilustrado um exemplo desse tipo de representação.

Figura 6.11 – Exemplo de árvore de decisão

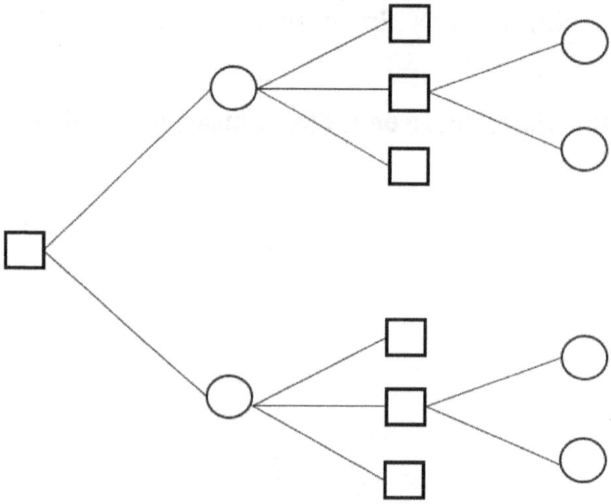

Fonte: Elaborada pelos autores.

Em uma árvore de decisão, os nós quadrados representam as decisões, e os nós redondos as incertezas, ou seja, eventos aleatórios. Nos ramos de uma árvore de decisão, devem constar: as probabilidades após os nós de incerteza, os valores de investimentos nos nós de decisão e os retornos nos finais dos ramos.

Vejamos o seguinte exemplo: um vendedor comercializa ilegalmente aparelhos que desbloqueiam canais de TV que são adquiridos por R$ 20,00 e vendidos por R$ 70,00. Como se trata de um produto ilegal, existe uma estimativa de perda de 30%. Independentemente da quantidade de aparelhos adquiridos, há um custo fixo com manutenção, transporte e operação de R$ 1.500,00 por dia. Por sua vez, os aparelhos que não são vendidos têm um valor residual de R$ 4,00.

O volume de vendas do ambulante depende do grau de fiscalização da agência reguladora. Se for uma fiscalização pesada, estima-se a venda de apenas 40 aparelhos; já no caso de fiscalização fraca, a previsão é de conseguir vender 180 aparelhos. No caso de uma fiscalização média, estima-se uma venda de 100 *kits*.

Outro detalhe é que os aparelhos são adquiridos em lotes fechados, que podem conter 60, 140, 210 ou 300 aparelhos. Baseando-se na experiência que tem com o negócio, o comerciante acredita que existe 45% de probabilidade de que a fiscalização seja fraca, 25% de chance de uma fiscalização pesada e 30% de acontecer uma fiscalização média.

Com base nessas informações, vamos estimar quantos aparelhos devem ser adquiridos pelo comerciante para que o lucro seja maximizado. Em seguida, elaboraremos a matriz de decisão com os resultados.

Para encontrar a quantidade de aparelhos que devem ser adquiridos, vamos analisar as quatro alternativas:

- Alternativa A: lote com 60 aparelhos.
- Alternativa B: lote com 140 aparelhos.
- Alternativa C: lote com 210 aparelhos.
- Alternativa D: lote com 300 aparelhos.

Dessa forma, vamos analisar detalhadamente o procedimento do cálculo da receita líquida para a alternativa A. O mesmo procedimento será feito para as demais alternativas, sendo que os resultados estão dispostos na árvore de decisão ilustrada na Figura 6.12.

Para a alternativa A, que é referente ao lote com 60 aparelhos, temos a seguinte situação:

Custo da alternativa A: 60 × R$ 20,00 + R$ 1.500,00 = R$ 2.700,00

Aparelhos que podem ser vendidos: 70% × 60 = 42 aparelhos

Receitas – alternativa A:

Fiscalização pesada: 40 × R$ 70,00 + 2 × R$ 4,00 = R$ 2.808,00

Fiscalização média: 42 × R$ 70,00 = R$ 2.940,00

Fiscalização fraca: 42 × R$ 70,00 = R$ 2.940,00

Receitas líquidas – alternativa A:

Fiscalização pesada: R$ 2.808,00 - R$ 2.700,00 = R$ 108,00

Fiscalização média: R$ 2.940,00 - R$ 2.700,00 = R$ 240,00

Fiscalização fraca: R$ 2.940,00 - R$ 2.700,00 = R$ 240,00

Seguindo o mesmo procedimento, encontramos os seguintes resultados de receitas líquidas para as demais alternativas:

Receitas líquidas – alternativa B:

Fiscalização pesada: -R$ 1.268,00

Fiscalização média: R$ 2.560,00

Fiscalização fraca: R$ 2.560,00

Receitas líquidas – alternativa C:

Fiscalização pesada: -R$ 2.472,00

Fiscalização média: R$ 1.488,00

Fiscalização fraca: R$ 4.590,00

Receitas líquidas – alternativa D:

Fiscalização pesada: -R$ 4.020,00

Fiscalização média: -R$ 60,00

Fiscalização fraca: R$ 5.220,00

Figura 6.12 – Árvore de decisão considerando todas as alternativas

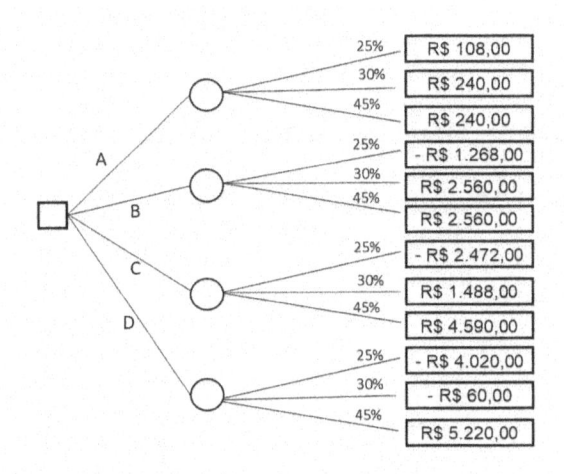

Fonte: Elaborada pelos autores.

Com base nos resultados de receita líquida ilustrados na árvore de decisão, da Figura 6.12, temos que as receitas líquidas esperadas para cada alternativa são:

Alternativa A: 25% × 108,00 + 30% × 240,00 + 45% × 240,00 = R$ 207,00

Alternativa B: 25% × -317,00 + 30% × 768,00 + 45% × 1.152,00 = R$ 1.603,00

Alternativa C: 25% × -618,00 + 30% × 446,40 + 45% × 2.065,50 = R$ 1.893,00

Alternativa D: 25% × -1.005,00 + 30% × -18,00 + 45% × 2.349,00 = R$ 1.326,00

Observa-se, portanto, que a melhor alternativa para o comerciante seria a alternativa C, ou seja, adquirir o lote com 210 aparelhos. A resolução do problema também pode ser feita a partir de uma matriz de decisão, como a que está ilustrada na Tabela 6.6.

Tabela 6.6 – Matriz de Decisão com cada alternativa

Alternativa	Fiscalização pesada	Fiscalização média	Fiscalização fraca
A	R$ 108,00	R$ 240,00	R$ 240,00
B	-R$ 1.268,00	R$ 2.560,00	R$ 2.560,00
C	-R$ 2.472,00	R$ 1.488,00	R$ 4.590,00
D	-R$ 4.020,00	-R$ 60,00	R$ 5.220,00
P(venda)	25%	30%	45%

Fonte: Elaborada pelos autores.

A matriz de decisão basicamente resume de outra maneira as informações contidas na árvore de decisão, porém é bastante útil para avaliar o custo de uma informação adicional. Vamos supor que o comerciante esteja cogitando subornar um funcionário corrupto da agência reguladora. Neste caso, descobriremos o quanto o comerciante poderá pagar para saber o nível de fiscalização que irá ocorrer.

Devemos verificar qual é a melhor opção para cada cenário de fiscalização:

- No caso de fiscalização pesada, temos que a melhor alternativa é a A, com receita líquida de R$ 108,00.
- No caso de fiscalização média, a alternativa B é a melhor, com receita líquida de R$ 2.560,00.
- No caso de fiscalização fraca, a alternativa D é a melhor, com receita líquida de R$ 5.220,00.

Dessa forma, deve-se calcular a receita líquida esperada, agora para o caso em que se tem a informação do nível de fiscalização:

Receita líquida esperada = 25% × 108,00 + 30% × 2.560,00 + 45% × 5.220,00 = R$ 3.144,00.

O valor esperado sem a informação privilegiada era igual a R$ 1.893,00, ou seja, justamente a receita líquida da alternativa C, considerada a melhor até então. Portanto, o comerciante deve avaliar pagar pela informação a seguinte quantia:

Valor da informação = 3.144,00 - 1.893,00 = R$ 1.250,10

6.6 – Exercícios

1) Uma empresa pretende abrir uma casa de shows em uma cidade universitária do estado de São Paulo. Para tanto, dispõe de três cidades como alternativas para realizar o investimento. Em cada uma delas, existem diferentes expectativas de receitas anuais, quando o movimento de público for fraco, médio ou forte.

Alternativas	Baixo	Médio	Alto
Campinas-SP	R$ 325.876,00	R$ 467.834,00	R$ 647.823,00
São Carlos-SP	R$ 367.891,00	R$ 462.921,00	R$ 623.168,00
Ribeirão Preto-SP	R$ 354.255,00	R$ 474.123,00	R$ 619.215,00

Indique qual alternativa deve ser escolhida, a partir das seguintes regras de decisão:

a) Maximin

b) Maximax

c) Hurwicz (considerando que o investimento seja 50% pessimista e 50% otimista).

d) Laplace

e) Savage

2) Uma empresa que fabrica bebidas isotônicas pretende lançar uma nova bebida com edição limitada para o próximo verão. Para produzi-la será necessário um investimento de R$ 350.000,00, e a previsão é que sejam vendidas 20 mil bebidas pelo preço unitário de R$ 15,00 nos próximos quatro meses. Os custos fixos serão R$ 35.000,00 por mês, e os custos variáveis de R$ 6,00 por bebida. Ao final do quarto mês, a linha de produção será liquidada por R$ 40.000,00. A TMA considerada pela empresa é de 7% ao mês.

Dessa forma, identifique quais parâmetros de entrada (investimento, quantidade vendida, preço, custos fixos, custos variáveis e valor residual) mais afetam o resultado do VPL (observação: não há necessidade de se considerar o efeito da depreciação e IRPJ/CSLL).

3) Suponha um investimento em um sistema fotovoltaico no valor de R$ 30.000,00. Esse sistema proporcionará uma geração média de 4.897 kWh ao ano, para um estabelecimento comercial localizado em uma região cuja tarifa de energia é igual a R$ 0,70/kWh. O custo de O&M é aproximadamente R$ 100,00 por ano, e o sistema deverá ficar no estabelecimento por 20 anos, sendo que, ao final do vigésimo ano, é estimado um valor residual de R$ 6.000,00. Dessa forma, considerando uma TMA de 8% ao ano:

a) Faça a análise de viabilidade do sistema sem a consideração de riscos.

b) Faça a análise de investimento com risco, considerando que as variáveis podem apresentar os seguintes valores abaixo:

Investimento (R$)	P_a	Tarifa	P_a	Geração kWh	P_a	O&M	P_a	Valor residual (R$)	P_a
25.000	25	0,60	27	4.143	30	90	10	5.000	35
30.000	70	0,70	89	4.897	75	100	71	6.000	80
35.000	100	0,80	100	5.127	100	130	100	7.000	100

4) Um investidor dispõe de três alternativas de clubes famosos para realizar um investimento em patrocínio: um de São Paulo, um do Rio de Janeiro e um de Minas Gerais. O resultado esperado para cada alternativa depende do cenário de capacidade de consumo dos torcedores, que pode ser: fraca (C), média (B) e forte (A). A árvore de decisão do problema está ilustrada abaixo. A partir dela, indique qual é a melhor alternativa para o potencial patrocinador.

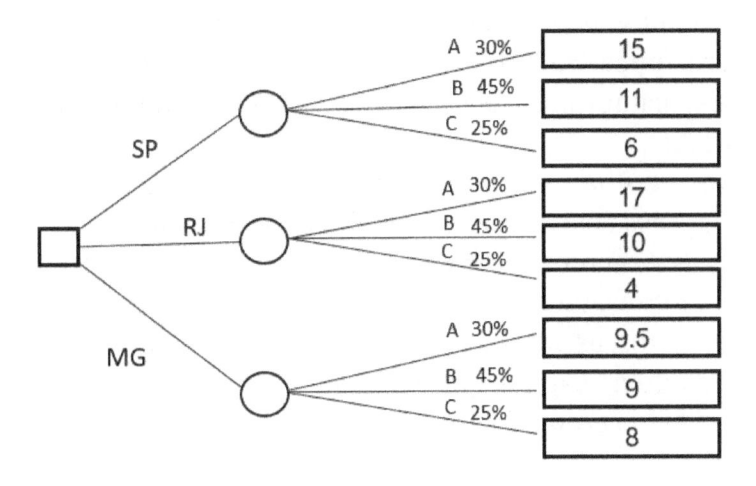

7 – Determinação da taxa mínima de atratividade pelo WACC e CAPM

A Taxa Mínima de Atratividade (TMA) é a taxa de corte adotada pelos principais métodos de avaliação de investimentos em seus critérios de decisão. A Taxa Interna de Retorno (TIR) de um projeto deve ser maior que a TMA da empresa para que ele seja considerado atrativo economicamente. Bem como o valor presente líquido, calculado com os fluxos descontados à TMA, indica que o projeto é viável, ou seja, os fluxos de caixa positivos na data zero superam os fluxos de caixa negativos na mesma data, e o projeto tem rentabilidade prevista suficiente para superar a TMA. Dessa forma, a definição adequada da TMA é primordial para que as avaliações econômicas sejam confiáveis.

Uma das bases mais importante para definição da TMA pelas empresas é o custo de capital que será empregado em seus projetos. Como os recursos de capital são provenientes de diversas fontes, tanto de recursos de terceiros quanto de recursos próprios, os administradores devem calcular o custo médio ponderado de capital, que, na língua inglesa, tem a sigla WACC (*Weighted Average Cost of Capital*).

7.1 – O custo médio ponderado de capital (WACC)

O WACC é calculado a partir da média ponderada entre o custo de capital próprio e o custo de capital de terceiros, conforme descrito a seguir:

$$WACC = \frac{E}{E+D} \times k_e + \frac{D}{E+D} \times k_d \times (1 - \tau) \qquad (7.1)$$

em que: $\frac{E}{E+D}$ é a participação de capital próprio; $\frac{D}{E+D}$ é a participação de capital de terceiros; K_E é o custo de capital próprio (%); K_D é o custo de capital de terceiros (%); e τ é a alíquota de imposto de renda.

Se uma determinada empresa tiver apenas capital próprio em sua estrutura de capital, ou se já tiver considerado os valores referentes ao financiamento na avaliação dos fluxos de caixa de um dado investimento, o retorno esperado pelos investidores será apenas o custo do capital próprio.

No caso de uma empresa que, além do capital próprio, conta com capital de terceiros em sua estrutura de capital, pode ser utilizado o WACC para apoiar a definição de sua TMA.

Veja um exemplo para o cálculo do WACC a partir dos dados apresentados na Figura 7.1.

Figura 7.1 – Exemplo para o cálculo do WACC

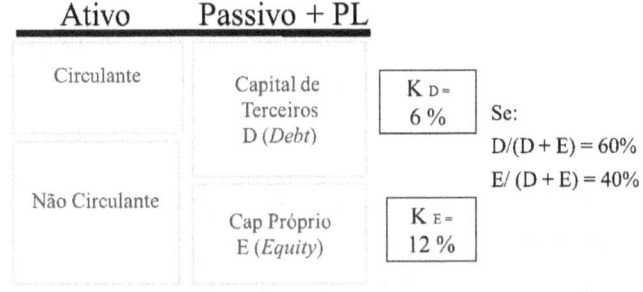

Fonte: Elaborada pelos autores.

Se o custo do capital de terceiros for de 6% ao ano, a alíquota de IRPJ/CSLL for de 34% e o custo do capital próprio for de 12% ao ano, o custo médio ponderado de capital (WACC), para as proporções de 60% de dívidas e de 40% de capital próprio, será de:

WACC = 40% × 12% + 60% × 6% × (1-34%) = 7,2% ao ano

Caso essa empresa adote o WACC como taxa mínima de atratividade, os projetos avaliados somente serão aceitos se a TIR de cada um deles for maior que 7,2% ao ano.

7.1.1 – O custo de capital de terceiros

Se a empresa obtém empréstimo de bancos, seu custo de capital de terceiros é a taxa de juros que o banco cobra dela. Mas, se a empresa for grande o suficiente, poderá obter fundos diretamente de investidores, vendendo-lhes títulos da dívida.

O custo de capital de terceiros pode ser a taxa atual de mercado que a empresa consegue para o lançamento recente de seus títulos, ou essa taxa também pode ser obtida quando se conhece o preço corrente de títulos já lançados no mercado.

O custo das dívidas K_D também pode ser estimado pela adição do spread de risco de crédito DRP à taxa de mercado de títulos do governo r_f.

$$K_D = r_f + DRP \qquad (7.2)$$

em que: r_f é a taxa livre de risco que será discutida posteriormente; e DRP é o prêmio de risco das dívidas (do inglês *Debt Risk Premium*).

Em outros países, pode-se utilizar a equação acima adicionando-se o risco-país, e o custo de capital de terceiros pode ser estimado a partir da soma da taxa livre de risco com o prêmio de risco das dívidas e o risco-país, conforme abaixo:

$$K_D = r_f + DRP + CRP \qquad (7.3)$$

em que: r_f é a taxa livre de risco que será discutida posteriormente; DRP é o prêmio de risco das dívidas (do inglês *Debt Risk Premium*); e CRP é o prêmio pelo risco-país (do inglês *Country Risk Premium*).

Como exemplo, suponha que a taxa livre de risco r_f nos Estados Unidos seja de 4,8%, e que os títulos de dívida de uma empresa sejam classificados em um nível de risco em que o DRP seja de 1,2% e que o prêmio pelo risco do país dessa empresa seja de 2,3%. O seu custo de capital de terceiros pode ser calculado assim:

$$K_D = 4,8\% + 1,2\% + 2,3\% = 8,3\% \text{ ao ano}$$

Deve-se lembrar que o custo de capital próprio deve ser uma taxa real, retirando-se os efeitos inflacionários. Para taxas pós-fixadas – como, por exemplo, um custo de capital de 5,1% ao ano + IPCA (Índice Nacional de Preços ao Consumidor Amplo) – pode-se adotar a taxa real de 5,1% ao ano nos cálculos do WACC. Mas, quando temos uma taxa pré-fixada, devemos excluir a taxa prevista de inflação. Por exemplo, se temos uma taxa pré-fixada de 8,8% ao ano e se a taxa prevista de inflação é de 3,5% ao ano, a taxa real será de 5,1%, obtida por meio da equação:

$$K_D \; real = \frac{1 + 8,8\%}{1 + 3,5\%} - 1 = 5,1\%$$

Também deve ser lembrado que as despesas financeiras das dívidas, ou seja, seus juros, são dedutíveis para efeito de IRPJ/CSLL em empresas que trabalham com lucro real.

7.1.2 – O custo de capital próprio

O custo de capital próprio é a taxa de retorno que os investidores exigem para aplicar recursos na empresa.

O modelo mais utilizado para estimativa do custo de capital próprio é o modelo de precificação de ativos, na sigla em inglês CAPM (*Capital Asset Pricing Model*), que será visto posteriormente. O modelo CAPM mostra que o cálculo da taxa de retorno do capital próprio é feito em função de três variáveis: o coeficiente beta (β), que representa o risco sistemático de um ativo; a taxa livre de risco r_f; e o prêmio pelo risco de mercado, representado pela diferença entre o retorno de mercado e a taxa livre de risco ($r_m - r_f$) Veremos o CAPM a seguir.

7.2 – O modelo de precificação de ativos (CAPM)

Os estudos de Sharpe motivaram o desenvolvimento do modelo de precificação de ativos (CAPM). Esse modelo descreve a relação entre o retorno esperado de ativos e o seu risco sistemático (β), pois entende-se que o risco não sistemático pode ser neutralizado pelo investidor a partir da construção de um portfólio eficiente.

A equação do CAPM que faz a relação do risco sistemático com o retorno esperado de um ativo é a seguinte:

$$R_E = r_f + \beta \times (r_m - r_f) \tag{7.4}$$

em que: R_E é o retorno esperado pelos investidores em capital próprio; r_f é a taxa livre de risco; β é o coeficiente beta que representa o risco sistemático do ativo; e r_m é o risco de mercado.

Graficamente podemos representar o modelo CAPM de acordo com a Figura 7.2.

Figura 7.2 – Modelo CAPM

Estimação do Custo de Capital Próprio pelo Capital
Asset Pricing Model (CAPM)

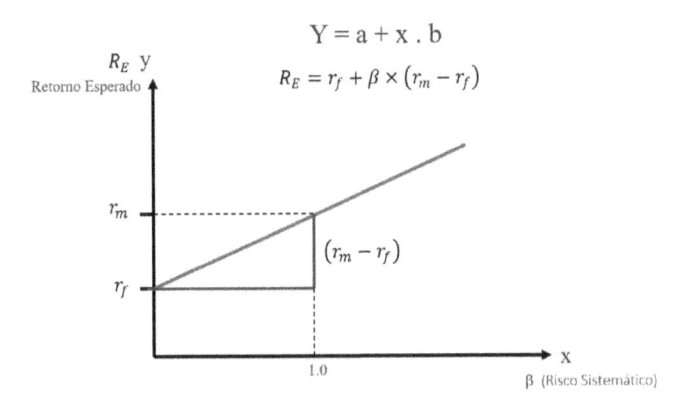

Quanto maior o risco da empresa, maior o retorno esperado pelo investidor

Fonte: Elaborada pelos autores.

Trata-se da representação da equação de uma reta, em que "a" é r_f, o coeficiente angular "b" é $(r_m - r_f)/1,0$ – ou seja $(r_m - r_f)$ – e "x" é o risco sistemático β.

Observe que o risco sistemático β do mercado é igual a 1,0. Comentaremos no próximo item sobre o cálculo do risco sistemático β e o porquê dele ser igual a 1,0.

Repare também que o gráfico indica que, quanto maior o risco da empresa, maior será o retorno esperado do investidor.

Como exemplo, suponhamos que o retorno de títulos do governo, que podem ser considerados como taxas livres de risco r_f, seja de 5,5% mais o IPCA. Que o retorno de mercado r_m seja a média dos retornos reais dos últimos 30 anos da bolsa de valores em torno de 12% ao ano e que o risco sistemático (β) de uma empresa seja de 1,3. O retorno esperado do investidor em títulos de capital próprio dessa empresa pode ser estimado como:

$$R_E = 5,5\% + 1,3 \times (12\% - 5,5\%) = 5,5\% + 1,3 \times 6,5\% = 5,5\% + 8,5\% = 14\%$$

O r_f é 5,5% a.a.; o prêmio pelo risco de mercado é 6,5% ao ano; o prêmio pelo risco da empresa é de 8,5% a.a.; e, finalmente, o retorno esperado pelo investidor é de 14% ao ano.

Resumindo, o retorno esperado pelo investidor é a taxa livre de risco r_f mais o prêmio pelo risco da empresa $\beta \times (r_m - r_f)$.

Graficamente, podemos representar o exemplo de acordo com a Figura 7.3.

Figura 7.3 – Gráfico do exemplo

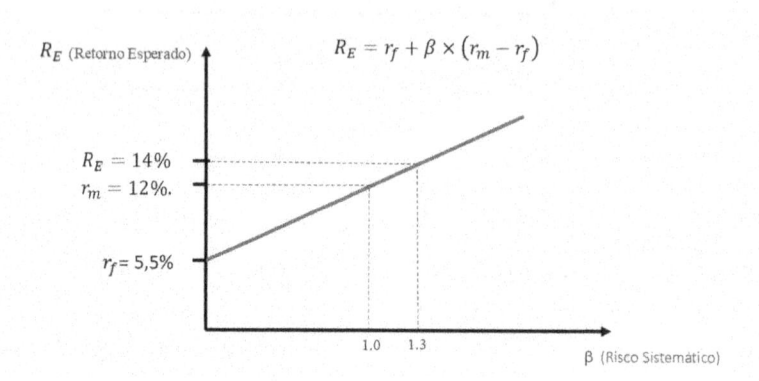

Fonte: Elaborada pelos autores.

Pelo ponto de vista de um investidor em capital próprio de uma empresa, o retorno esperado é representado, como vimos, por (R_E); mas, pelo ponto de vista da empresa, esse é o custo de capital próprio (K_E).

As três variáveis do modelo CAPM, a taxa livre de risco r_f, o retorno de mercado r_m e o risco sistemático β serão tratadas a seguir.

7.2.1 – A taxa livre de risco (r_f)

Os títulos públicos são considerados aqui como "livres de risco", e serão feitas as estimativas de r_f com base no retorno histórico de títulos públicos ou da taxa básica de juros. Entretanto, alguns especialistas em finanças questionam o uso de dados históricos para estimar esse parâmetro e consideram mais apropriado utilizar valores correntes.

No caso de taxas correntes, utilizaríamos, para o caso americano, a atual taxa do título *Treasury bill*. A taxa em março de 2024 para *T-bill* de 3 meses é de 5,4% ao ano. Nessa taxa, já está incluída a inflação, que devemos descontar ao final do cálculo do retorno esperado. A taxa de inflação nos Estados Unidos em março de 2024 está em torno de 3,5% ao ano. A taxa real da *T-bill* seria de 1,8% ao ano.

Se optarmos por basear nossa estimativa de r_f em retornos históricos passados, poderemos utilizar os retornos de muitos anos e calcular a média deles. Usando dados americanos de 1928 até 2023, chegamos ao seguinte gráfico exposto na Figura 7.4.

Figura 7.4 – Retornos históricos dos títulos *T-bill* de 3 meses

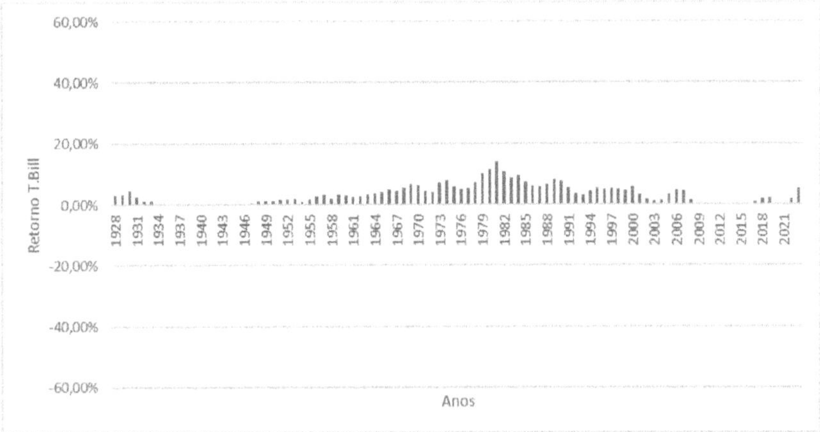

Fonte: Elaborada pelos autores.

Os retornos históricos nesse longo período de 95 anos geram uma média de 3,3% ao ano. Essas taxas incluem a inflação. A média da inflação americana no período de 1928 a 2023 é de 3,1% ao ano. Assim, a taxa livre de risco descontada da inflação tem um valor médio de 0,2% ao ano. Observe que o risco é baixo, e não aparecem taxas negativas. O desvio-padrão dos retornos do período é de 3%. Faremos a comparação desse risco com o risco de investir em ações de grandes empresas no próximo item.

Além das *T-bills*, alguns estudos adotam títulos de prazo mais longo como, por exemplo, os US *T-bonds* de 5 ou de 10 anos. Os retornos médios nominais das T-bonds são de 4,9% no período avaliado.

7.2.2 – O retorno de mercado (r_m)

Para estimar os retornos do mercado geralmente adota-se o retorno obtido por um índice da bolsa de valores. O índice S&P 500, da bolsa de Nova Iorque, representa uma carteira de ações de grandes empresas.

Se nossa opção para representar o r_m for a adoção do índice da bolsa americana, um estudo de Damodaran (2024) faz um histórico dos retornos do índice e de vários títulos de 1928 a 2023.

O gráfico da Figura 7.5 mostra os retornos levantados pelo autor.

Figura 7.5 – Retornos anuais do índice S&P 500

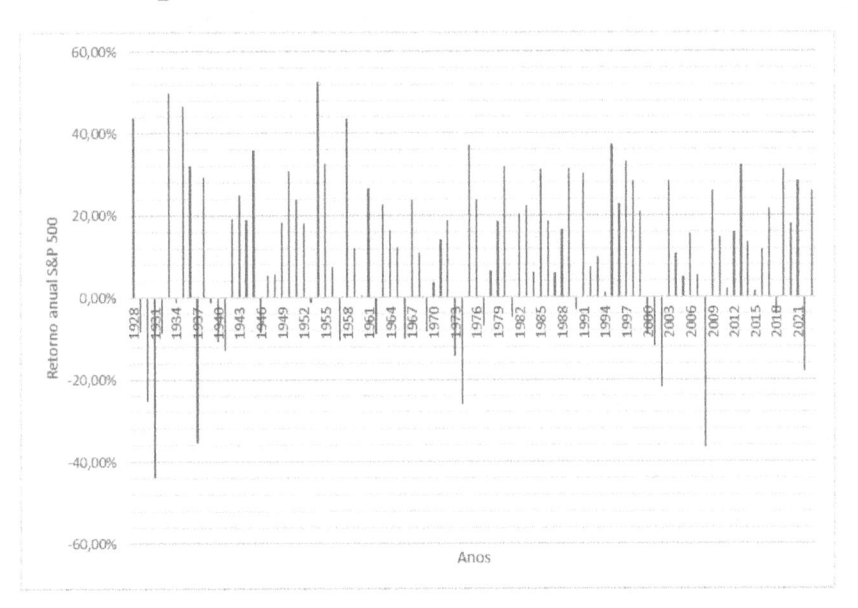

Fonte: Elaborada pelos autores, baseada em Damodaran.

Observe que os retornos anuais têm taxas maiores, em média, do que as taxas dos títulos do governo. Mas, por outro lado, tem uma variação maior.

A taxa média de retorno das ações de grandes empresas, representadas pelo S&P 500 no período analisado é de 11,7% ao ano, incluindo a inflação. A taxa real, nesse caso, seria de 8,8% ao ano, descontando a taxa média da inflação de 3,1% ao ano. O risco calculado pelo desvio-padrão dos retornos do índice da bolsa americana é de 19,4%, bem maior que o risco de investir em títulos do governo. A Tabela 7.1 mostra esta diferença.

Tabela 7.1 – Comparação de retorno e risco de investimentos em ações de grandes empresas e títulos do governo

	Média	Desvio-padrão
Índice S&P 500	11,7%	19,4%
T-bills	3,3%	3%
Inflação americana	3,1%	

Fonte: Elaborada pelos autores.

A diferença entre os retornos em ações e em títulos do governo (*T-bills*) é grande e fica comprovada com os dados reais do longo período. Os dados da tabela comprovam que o retorno maior de investir em ações em comparação ao investimento em títulos do governo também é acompanhado por um risco maior.

Essa diferença pode ser vista no gráfico da Figura 7.6.

Figura 7.6 – Comparação entre investimento de $ 100,00 em 1928 em ações e título do governo

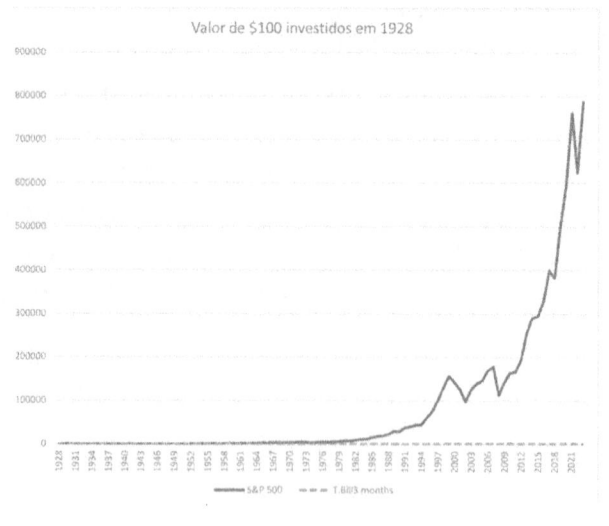

Fonte: Elaborada pelos autores.

Para visualizar melhor os riscos, veja o mesmo gráfico, mas agora em escala logarítmica na Figura 7.7.

Figura 7.7 – Comparação entre investimento de $ 100,00 em 1928 em ações e título do governo em escala logarítmica

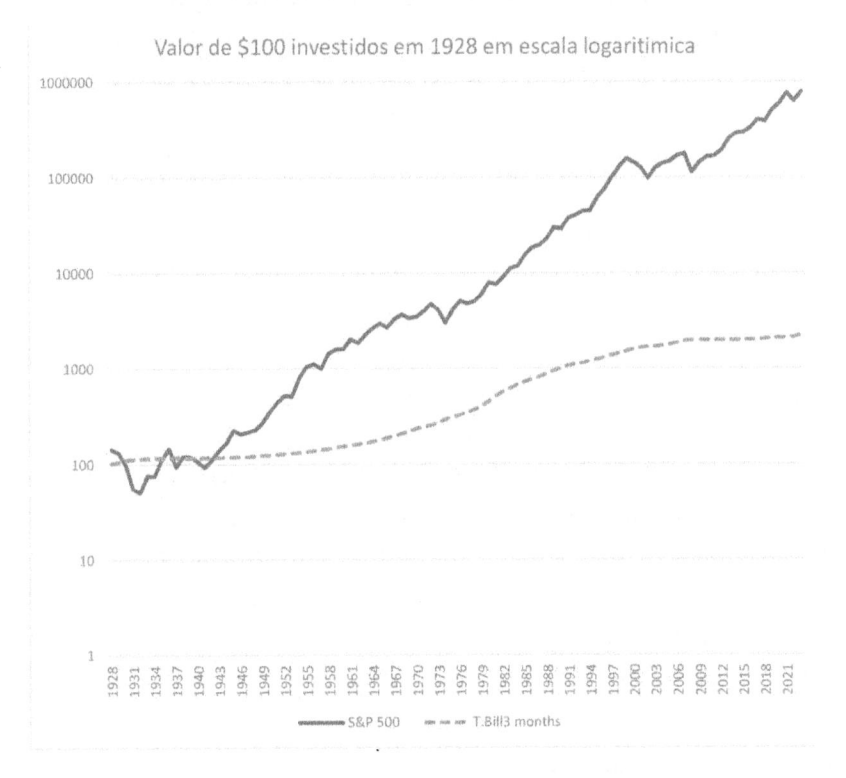

Fonte: Elaborada pelos autores.

Observe que $ 100,00 investidos em *T-bills* em 1928 seriam equivalentes a $ 2.249,00 em 2023 e $100,00 investidos em ações de grandes empresas em 1928 equivaleria a $ 78.7018,00.

Quando adotamos as médias históricas dos retornos, com os dados americanos apresentados, podemos dizer que o retorno livre de risco r_f é de 3,3% ao ano, e o retorno de mercado

r_m é de 11,7% ao ano. Assim, o prêmio pelo risco de mercado é a diferença entre esses dois retornos, ou seja:

Prêmio pelo risco de mercado $(r_m - r_f)$ = 11.7% – 3,3% = 8,4% ao ano.

A taxa de retorno de mercado mais alta se explica pelo mais alto risco dos investimentos em ações de grandes empresas em relação ao investimento em títulos de dívida do governo. E, ao prêmio de retorno que o investidor receberia por investir em ativos com mais alto risco em relação aos títulos de dívida de mais baixo risco, chamamos de prêmio pelo risco de mercado.

No Brasil, pode-se utilizar a taxa Selic real ou o retorno histórico dos títulos do governo para estimativa do retorno livre de risco. Pode-se também utilizar o retorno real do índice Ibovespa para se estimar o retorno de mercado. No caso brasileiro, ao se usarem os retornos históricos, é mais adequado trabalhar com as taxas reais, devido ao histórico de altas taxas de inflação no passado. Deve-se lembrar também que a baixa eficiência do mercado de ações brasileiro em relação ao americano pode trazer resultados menos confiáveis. Dessa forma, é comum que se utilizem dados de um mercado mais eficiente – por exemplo, o americano – e depois se ajuste o resultado por meio do uso de um adicional de risco, o risco-país.

7.2.3 – O risco sistemático β

Para compreendermos como uma empresa determina uma taxa apropriada para avaliar seus investimentos, é essencial o entendimento sobre as classificações de risco no mercado financeiro. O risco de um determinado investimento pode ser segmentado em dois componentes: o risco sistemático e o não sistemático.

O risco sistemático se caracteriza por ser aquele ao qual todo mercado está exposto, ou seja, está associado às flutuações dos indicadores macroeconômicos de uma determinada economia. Alterações significativas no ambiente econômico, político e social são as principais fontes de risco sistemático. A oscilação da taxa de juros básica da econômica, o poder de compra e o crescimento econômico são exemplos de variáveis que, quando oscilam, afetam o risco sistemático. Portanto, podemos considerar que em um mercado de ações, o risco sistemático afeta todas as ações.

Por sua vez, o risco não sistemático é a parcela de risco proveniente da característica particular de um projeto, uma empresa ou um setor de atividade. Podemos citar como exemplo de características: a aceitação dos produtos de uma empresa pelo mercado, a frequência de greves, a capacidade de inovação e a obsolescência dos produtos. Trata-se de um desafio para os executivos evitarem perdas e erros de previsão no processo de administração do risco não sistemático. Entre as principais fontes de risco não sistemático, podemos mencionar: o risco financeiro, o de administração e o setorial. O risco não sistemático pode ser mitigado pela diversificação nos investimentos e, por esse motivo, não o consideramos na relação retorno x risco. Como podemos eliminar o risco não sistemático, não há sentido em supor retorno adicional devido a esse tipo de risco.

No que concerne ao coeficiente beta, ele reflete o risco sistemático do ativo de uma empresa ou de um determinado setor. É válido relembrar que o risco sistemático envolve o mercado como um todo, podendo ser avaliado pela correlação que existe entre o risco de um determinado ativo e o risco do portfólio de mercado. A partir de uma regressão entre os retornos de um ativo e dos retornos de mercado, encontramos a seguinte equação:

$$r_i = \alpha_i + \beta_i \times r_m + e_t \qquad\qquad (7.5)$$

em que: r_i é o retorno do ativo i no período t; α_i é o parâmetro linear da regressão; β_i é o parâmetro angular da regressão; r_m é o retorno do portfólio de mercado; e e_t é o erro.

A reta chamada de linha característica, que mede a sensibilidade de um ativo i em relação à oscilação dos retornos de mercado, está ilustrada na Figura 7.8.

Figura 7.8 – Linha característica para um ativo *i*

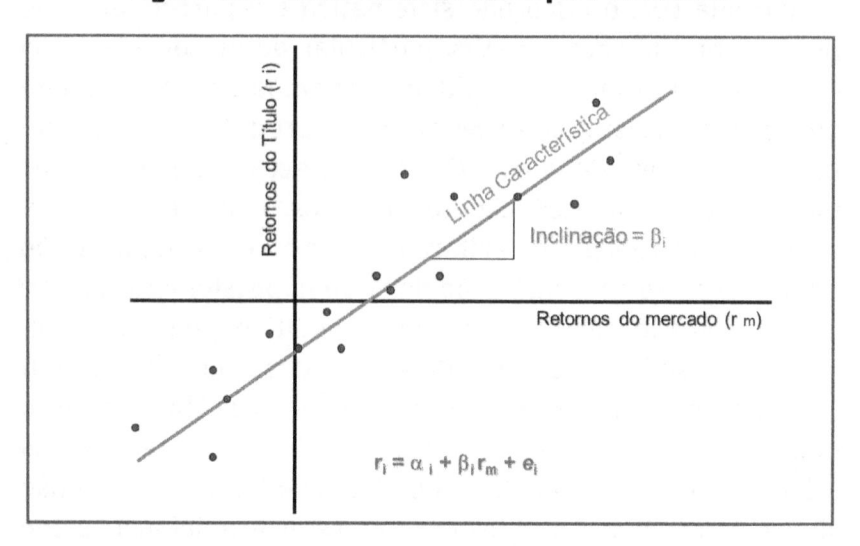

Fonte: Elaborada pelos autores.

A inclinação da linha característica reflete a sensibilidade dos retornos do ativo em relação à oscilação dos retornos do portfólio de mercado e, portanto, caracteriza o coeficiente beta (β). O retorno do portfólio de mercado tem um coeficiente beta igual a 1, ou seja, a inclinação da reta é de 45° e tem a tangente igual a 1.

O ativo que tem coeficiente beta superior a 1 é considerado agressivo, pois apresenta variação maior dos retornos em relação ao portfólio de mercado. Portanto, neste caso, o ativo apresenta risco sistemático superior ao do mercado (ver Figura 7.9). Por sua vez, os ativos que têm beta inferior a 1 são considerados menos arriscados, pois apresentam risco sistemático inferior ao do mercado (ver Figura 7.10).

Figura 7.9 – Ativo com coeficiente beta (β) maior que 1

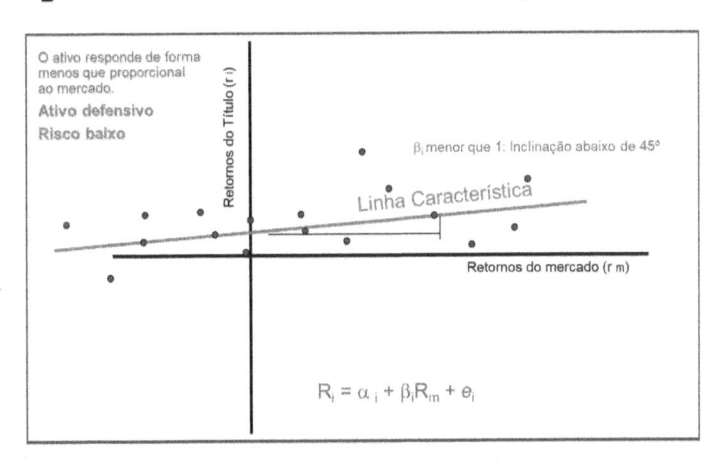

Fonte: Elaborada pelos autores.

Figura 7.10 – Ativo com coeficiente beta (β) menor que 1

Fonte: Elaborada pelos autores.

O beta pode ser obtido por meio do cálculo da inclinação da reta que representa a linha característica, sendo dado por:

$$\beta_i = \frac{Cov(R_i, R_m)}{\sigma^2(R_m)} \tag{7.6}$$

$Cov(R_i, R_m)$ é a covariância entre o retorno de uma ação (R_i) e o retorno de mercado (R_m); σ^2 (Rm) é a variância dos retornos de mercado (R_m).

Como exemplo, vamos avaliar dois ativos em seus respectivos mercados.

A empresa Microsoft Corporation (MSFT) apresentou, nos últimos cinco anos, a evolução no preço de sua ação apresentada na Figura 7.11.

Figura 7.11 – Valores das ações da Microsoft de maio de 2019 a maio de 2024

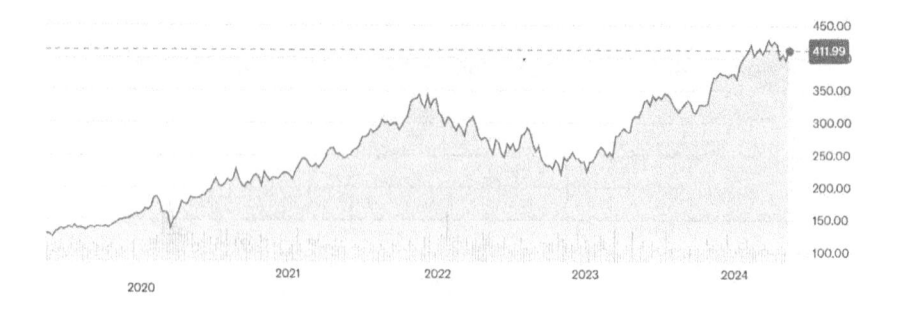

Fonte: Yahoo!Finance, 2024a.

Qual é o risco sistemático (β) dessa ação? Para fazer esse cálculo, devemos avaliar a regressão linear entre os retornos da ação com os retornos de mercado. Usando os dados históricos mensais dos últimos cinco anos da ação e do índice NASDAQ, ajustados pelos desdobramentos e pelos dividendos, obtemos um risco sistemático (β) igual a 0,88 (Yahoo!Finance, 2024a).

Já a empresa Tesla, também participante da NASDAQ, apresenta um risco sistemático (β) igual a 2,44 (Yahoo!Finance, 2024b).

Outra empresa, com ações na bolsa de Nova Iorque, a Hewlett-Packard Enterprise Company (HPE) apresenta um risco sistemático (β) igual a 1,22 (Yahoo!Finance, 2024c).

Como forma de exemplificar o cálculo do risco sistemático (β), apresentamos na Tabela 7.2 os retornos mensais de um índice de uma bolsa de valores e de uma ação de uma empresa.

Tabela 7.2 – Retorno do mercado de ações e das ações da empresa A

Mês	Retorno mercado de ações	Retorno das ações da empresa A
1	5,0%	7,0%
2	2,5%	3,75%
3	1,0%	1,8%
4	0,5%	1,15%
5	3,0%	4,5%
6	-2,5%	-2,75%
7	-2,1%	-2,2%
8	-3,2%	-3,7%
9	2,1%	3,1%
10	4,1%	5,9%
11	-3,0%	-3,5%
12	-1,5%	-1,4%

Fonte: Elaborada pelos autores.

O gráfico na Figura 7.12 apresenta, no eixo X, os retornos do mercado de ações (índice de uma bolsa de valores). E, no eixo Y, os retornos das ações da empresa A.

Figura 7.12 – Retorno das ações da empresa A *versus* retorno do mercado de ações

Fonte: Elaborada pelos autores.

Observe que a equação da linha de tendência que representa os pontos no gráfico é Y = 1,3X + 0,05. O coeficiente angular 1,3 é o beta da ação da empresa A. Facilmente calculado com o auxílio de uma planilha do MS Excel. Basta adicionar uma linha de tendência e solicitar que se exiba a equação da linha reta no gráfico.

Outra forma de calcular o beta é aplicar a fórmula ilustrada na Equação 7.11, e recorrer à função COVAR do MS Excel, selecionando a série de retornos de mercado e a série de retornos das ações da empresa A, para estimar a covariância entre o retorno de mercado e o retorno das ações da empresa A. E, para obter a variância do mercado de ações, basta utilizar a função VAR e selecionar a série de retornos do mercado de ações.

O beta pode ser calculado assim:

$$\beta_i = \frac{Cov(R_i, R_m)}{\sigma^2(R_m)} = \frac{0{,}001092489}{0{,}000836083} = 1{,}3067$$

Outra solução, também utilizando a planilha do MS Excel, é aplicar a função INCLINAÇÃO, e dentro dela selecionar a série de retornos do mercado de ações e das ações da empresa A.

7.2.4 – O retorno esperado das ações (R_E)

Conforme vimos na Equação 7.3, o retorno esperado de um título pode ser obtido por:

$$R_E = r_f + \beta \times (r_m - r_f) \tag{7.7}$$

Dessa forma, caso adotássemos a taxa de 3,3% ao ano para a taxa livre de risco r_f e de 11,7% para o retorno de mercado r_m, teríamos como resultado a Equação 7.12.

$$R_E = 3{,}3\% + \beta \times (11{,}7\% - 3{,}3\%) \tag{7.8}$$

E, supondo que o risco sistemático (β) da Microsoft Corporation seja igual a 0,88, o retorno esperado para investimentos nessa empresa é de:

$$R_E = 3{,}3\% + 0{,}88 \times (11{,}7\% - 3{,}3\%) = 3{,}3\% + 0{,}88 \times (8{,}4\%) =$$
$$3{,}3\% + 7{,}39\% = 10{,}69\% \text{ ao ano}$$

Ou seja, o retorno nominal esperado pelo investimento na Microsoft seria de 10,69%. Observe que o prêmio por investir nessa empresa é de 7,39% – menor que o prêmio por investir no mercado, que é de 8,4%.

Algumas observações são importantes nesse ponto. Caso adotássemos como r_f a taxa corrente, e não a histórica, de 5,4% ao ano, o retorno esperado do título seria maior. Veja abaixo:

$$R_E = 5,4\% + 0,88 \times (11,7\% - 3,3\%) = 5,4\% + 0,88 \times (8,4\%) =$$
$$5,4\% + 7,39\% = 12,79\% \text{ ao ano}$$

Observe que continuamos a usar a taxa livre de risco histórica para calcular o prêmio pelo risco do mercado, mas adotamos a taxa livre de risco corrente para representar a taxa livre de risco no primeiro termo da equação. Esse procedimento tem sido adotado nas estimativas de retorno de títulos devido ao fato de estimarmos o retorno a partir do momento atual.

Outra observação importante é que a taxa de retorno esperado é uma taxa nominal, com a inflação embutida nas estimativas de r_f e r_m.

Dessa forma, devemos calcular a taxa de retorno esperado R_E real, retirando a inflação. Caso a inflação estimada seja, por exemplo, de 3,1 % ao ano, a taxa de retorno esperado R_E real será calculada assim:

$$R_E \text{real} = (1 + 12,79\%)/(1 + 3,1\%) - 1 = 9,40\% \text{ ao ano}$$

7.2.5 – Usando a taxa de retorno esperado R_E para o cálculo do WACC

Para calcular o custo médio ponderado de capital (WACC), consideramos a taxa de retorno esperado R_E como sendo o custo do capital próprio K_E. Pelo ponto de vista do investidor, há a expectativa de um retorno esperado R_E, mas, pelo ponto de vista da empresa, esse retorno esperado do investidor se torna um custo de capital próprio K_E.

Como vimos na Equação 7.1, o WACC é calculado a partir da média ponderada entre o custo de capital próprio e o custo de capital de terceiros, conforme descrito a seguir:

$$WACC = \frac{E}{(E+D)} \times K_E + \frac{D}{E+D} \times K_D \times (1 - \tau) \qquad (7.9)$$

Suponha, como exemplo, que a participação de capital próprio E/(E+D) da Microsoft seja de 52% e que a participação de capital de terceiros D/(E+D) seja de 48%; suponha também que o custo de capital próprio K_E nominal, conforme calculado acima, seja de 12,79% ao ano e que o custo de capital de terceiros K_D, também nominal, seja de 5,4% ao ano. A taxa de inflação estimada é de 3,1% ao ano, e a alíquota efetiva de imposto de renda τ é de 28%.

Veja esse exemplo para o cálculo do WACC a partir dos dados apresentados na Figura 7.13.

Figura 7.13 – Exemplo para o cálculo do WACC

Ativo	Passivo + PL		
Circulante	Capital de Terceiros D (*Debt*)	K D = 5,4 %	Se:
			D/(D + E) = 48%
			E/ (D + E) = 52%
Não Circulante	Cap Próprio E (*Equity*)	K E = 12,7 %	

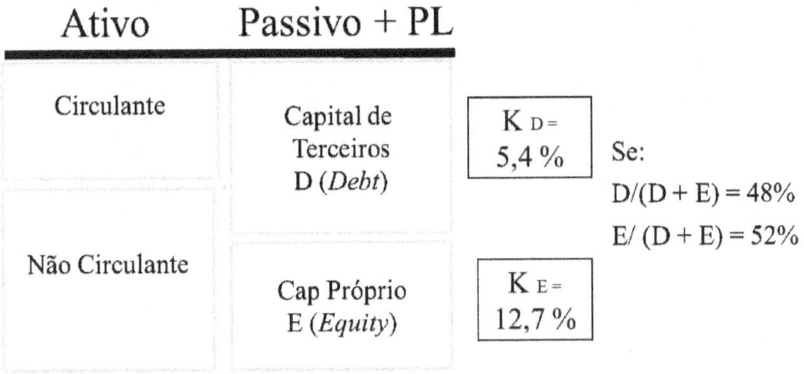

Fonte: Elaborada pelos autores.

O WACC da Microsoft seria calculado da seguinte forma:

$WACC = 52\% \times 12,7\% + 48\% \times 5,4\% \times (1 - 28\%) = 8,5\%$

Esse é o custo médio ponderado de capital nominal, com a inflação embutida. O cálculo do WACC real deve ser feito da seguinte forma:

WACC real = (1 + 8,5%)/(1 + 3,1%) – 1 = 5,2% ao ano

Veja, como exemplo, as soluções do cálculo do WACC para as empresas Teslax e HPC baseadas nas condições fictícias apresentadas na Tabela 7.3.

Tabela 7.3 – Cálculo do WACC das empresas TESLAX e HPC (dados fictícios)

Item	TESLAX	HPC
r_f nominal corrente	5,4%	5,4%
Prêmio histórico $(r_m - r_f)$	8,4%	8,4%
Beta (β)	2,44	1,22
Retorno Esperado R_E	25,9%	15.7%
E(D+E)	25%	90%
Custo Capital Terceiros K_E	75%	10%
Alíquota tributos τ	30%	30%
WACC nominal	20,5%	6,6%
Inflação Prevista	3,1%	3,1%
WACC real	16,9%	3,4%

Fonte: Elaborada pelos autores.

Para o caso de uma empresa brasileira, podemos usar os dados americanos de r_f e r_m e o beta setorial daquela empresa, alavancado de acordo com seu endividamento, somar o risco Brasil e reduzir a inflação americana para obter o retorno esperado. Vejamos os conceitos do beta setorial a seguir.

7.2.6 – O beta setorial

Quando as empresas não têm ações no mercado, ou os dados disponíveis para coleta não são suficientes ou adequados, deve-se usar o conceito de beta setorial. Damodaran (2024b) publica periodicamente uma tabela que reúne os principais setores empresariais com o cálculo do beta médio das empresas de cada setor. Veja a Tabela 7.4, que resume a tabela de Damodaran, que é mais completa e tem uma quantidade maior de setores.

Tabela 7.4 – Betas por setor conforme Damodaran (2024b)

Nome do setor	Número de empresas	Beta	Razão D/E	Alíquota tributos	Beta desa-lavancado
Publicidade	57	1.37	33.76%	5.44%	1.10
Vestuário	38	1.19	48.76%	10.19%	0.87
Bancos (regional)	625	0.46	101.95%	17.69%	0.26
Materiais de construção	44	1.32	18.15%	19.94%	1.16
Serviços de informática	72	1.00	29.14%	7.78%	0.82
Medicamentos farmacêuticos	245	1.03	16.05%	2.89%	0.92
Equipamentos elétricos	103	1.24	21.39%	5.66%	1.07
Engenharia/ construção	43	0.96	26.20%	14.27%	0.80
Serviços ambientais	57	0.91	21.95%	5.42%	0.78
Agricultura	42	0.99	45.30%	6.68%	0.74
Processamento de alimentos	82	0.61	33.70%	8.29%	0.48
Energia verde e renovável	17	1.11	141.41%	4.39%	0.54

Nome do setor	Número de empresas	Beta	Razão D/E	Alíquota tributos	Beta desalavancado
Hospitais e estabelecimentos de saúde	32	0.88	79.74%	6.86%	0.55
Produção e exploração de óleo/gás	166	0.93	23.28%	5.61%	0.79
Energia	50	0.65	92.92%	13.69%	0.38
Restaurante	64	1.19	25.73%	11.41%	1.00
Software (internet)	35	1.62	11.98%	2.61%	1.48
Software (sistemas e apps)	351	1.29	6.20%	4.19%	1.24
Transporte	36	1.26	33.58%	6.53%	1.01
Utilidade (geral)	14	0.58	84.84%	14.05%	0.35
Utilidade (água)	13	0.71	50.89%	11.09%	0.52
Total geral	6481	1.00	46.42%	8.35%	0.74

Fonte: Elaborada pelos autores.

Como cada empresa tem uma alavancagem diferente, ou seja, tem razões de endividamento D/E diferentes, deveremos retirar o efeito dessas alavancagens calculando o que chamamos de beta desalavancado. A ideia é calcular o risco das empresas como se elas não tivessem dívidas. Obviamente o risco seria menor.

Para entender como desalavancar os betas, vejamos a seguinte demonstração.

O beta de um ativo total é calculado de acordo com a Equação 7.10.

$$\beta_{Ativo} = \frac{E}{(E + D(1 - \tau))} \times \beta_{Equity} + \frac{D(1 - \tau)}{(E + D(1 - \tau))} \times \beta_{Debt} \times (1 - \tau) \quad (7.10)$$

em que: $\dfrac{E}{(E + D(1 - \tau))}$ é a participação do capital próprio com o efeito dedutível das despesas financeiras das dívidas sobre os tributos; β_{Equity} é o beta do capital próprio; $\dfrac{D(1 - \tau)}{(E + D(1 - \tau))}$ é a participação de capital de terceiros com o efeito dedutível das despesas financeiras das dívidas sobre os tributos; β_{Debt} é o custo de capital de terceiros; e τ é a alíquota dos tributos em relação ao lucro.

O β_{Equity} é o beta do capital próprio que calculamos de uma empresa da forma como se encontra no mercado, ou seja, considerando o endividamento normal da empresa. O β_{Debt} é o beta das dívidas. Como os títulos das dívidas são considerados títulos de renda fixa e têm um risco normalmente baixo em relação aos títulos de capital próprio, o β_{Debt} será considerado igual a zero.

Dessa forma, a equação para o cálculo do beta do ativo β_{Ativo} fica reduzida à Equação 7.11.

$$\beta_{Ativo} = \frac{E}{(E + D(1 - \tau))} \times \beta_{Equity} \qquad (7.11)$$

O β_{Equity} é o beta do capital próprio que calculamos de uma empresa da forma como se encontra no mercado, ou seja, alavancada ao seu grau normal de endividamento. Chamamos o β_{Equity} de beta alavancado.

O β_{Ativo} é o beta desalavancado, imaginando a empresa como se não tivesse dívidas. Assim, o beta do ativo seria menor do que o beta do capital próprio, devido ao fato de que a desalavancagem reduz o risco do capital próprio.

Caso tenhamos o interesse de encontrar o beta do ativo, como se a empresa não tivesse dívidas, bastaria aplicar a Equação 7.11 para encontrarmos o beta desalavancado a partir do beta alavancado do capital próprio.

Normalmente utiliza-se essa equação para desalavancar os betas das empresas que compõem cada setor. Como cada empresa tem sua alavancagem diferente da outra, não haveria como encontrar uma média dos betas em bases diferentes. Após a desalavancagem dos betas, encontra-se a média das empresas desalavancadas de um setor. Quando queremos encontrar o beta alavancado de uma empresa que está nesse setor, basta calcular o β_{Equity} (alavancado) conforme a Equação 7.12, que deriva da equação 7.11.

$$\beta_{Equity} = \frac{(E + D(1 - \tau))}{E} \times \beta_{Ativo} \qquad (7.12)$$

Simplificadamente, nós desalavancamos os betas das empresas que tinham seu próprio endividamento para poder realizar os cálculos e encontrar a média do setor. E depois, nós alavancamos a empresa de nosso interesse para encontrar o beta de acordo com seu endividamento normal.

Como exemplo, suponha que temos o interesse de calcular o WACC de uma empresa do setor de energia que não tenha ações no mercado de capitais ou não tenha dados suficientes ou confiáveis para calcular seu risco sistemático beta.

Pela tabela de Damodaran, o beta desalavancado das empresas do setor de energia é de 0,38. Ou seja, β_{Ativo} é igual a 0,38. Mas, se essa empresa tiver uma participação de capital de terceiros igual a 30% e em uma faixa de tributos de 23%, o cálculo do beta alavancado seria feito assim:

$$\beta_{Equity} = \frac{(70+30(1-23\%))}{70} \times 0,38 = 1,33 \times 0,38 = 0,51$$

Agora, sim, podemos usar o beta alavancado de 0,51 para proceder aos cálculos da taxa de retorno esperado R_E e do WACC.

Suponha que os dados de taxa livre de risco e de prêmio pelo risco do mercado sejam os mesmos dos exemplos anteriores. O retorno esperado do investidor nessa empresa de energia é de:

$$R_E = 5,4\% + 0,51 \times (11,7\% - 3,3\%) = 5,4\% + 0,51 \times (8,4\%) =$$
$$5,4\% + 4,3\% = 9,7\% \text{ ao ano}$$

Se o endividamento da empresa é de 30%, e suas dívidas têm um custo de 6,5% ao ano, o WACC nominal será de:

$$WACC = 70\% \times 9,7\% + 30\% \times 6,5\% \times (1 - 23\%) = 8,3\%$$

Se a inflação americana estimada for de 3,1% ao ano, o WACC real pode ser calculado assim:

$$WACC \text{ real} = (1 + 8,3\%)/(1 + 3,1\%) - 1 = 5,0\% \text{ ao ano}$$

Para o caso de uma empresa brasileira, podemos usar os dados americanos de r_f e r_m e o beta setorial daquela empresa, alavancado de acordo com seu endividamento, e depois somar o Risco-Brasil e reduzir a inflação americana para obter o retorno esperado.

Suponha uma empresa brasileira do setor de materiais de construção que não tenha ações no mercado, e que não haja empresas brasileiras do setor em número suficiente para que tenhamos uma amostra confiável. Poderíamos calcular o retorno esperado com os dados americanos e somar o Risco-Brasil.

O beta desalavancado do setor de material de construção nos Estados Unidos é de 1,16. Se nossa empresa tem um endividamento de 45%, e sua alíquota efetiva de IRPJ/CSLL é de 34%, o beta alavancado dela será:

$$\beta_{Equity} = \frac{(55 + 45(1 - 34\%))}{55} \times 1,16 = 1,8$$

O retorno esperado seria:

$$R_E = 5,4\% + 1,8 \times (11,7\% - 3,3\%) + \text{Risco-Brasil}$$

Se o Risco-Brasil estiver em torno de 250 pontos, devemos somar 2,5% na fórmula anterior para obter o retorno esperado da empresa brasileira.

$$R_E = 20,5\% + \text{Risco-Brasil} = 20,5\% + 2,5\% = 23\% \text{ ao ano}$$

Se o custo das dívidas for de 8% ao ano, o WACC pode ser calculado assim:

$$WACC = 55\% \times 23\% + 45\% \times 8\% \times (1 - 34\%) = 15,3\% \text{ ao ano}$$

E, finalmente, poderíamos obter o WACC real, supondo que a expectativa de inflação americana seja de 2,6% ao ano:

$$\text{WACC real} = (1 + 15,3\%)/(1 + 2,6\%) - 1 = 12,4\% \text{ ao ano}$$

O estudo dos riscos sistemático e não sistemático, considerado um risco diversificável, motivou o estudo de teorias de diversificação do risco, como a teoria de Markowitz, que veremos a seguir.

7.3 – Diversificação do risco e a teoria de Markowitz

A diversificação do risco é considerada o principal artifício de proteção contra a incerteza. A análise teórica sobre essa diversificação foi impulsionada por Harry Markowitz, que desenvolveu em seus estudos estratégias de diversificação que podem ser aplicadas para qualquer tipo de ativo, e não apenas para as ações do mercado financeiro.

Para entendermos os métodos de seleção de investimento, inicialmente devemos levar em consideração que eles estão sujeitos ao chamado princípio da dominância. As premissas desse princípio pressupõem que os investidores procuram minimizar o nível de risco, dentro de certa classe de retorno esperado, ao mesmo tempo em que buscam maximizar o retorno previsto, dentro de uma certa classe de riscos.

A diversificação é o caminho para se alcançarem esses objetivos e, em sua forma mais simples, consiste em "não colocar todos os ovos em uma mesma cesta". Ou seja, quanto maior o número de cestas, menor será o risco de todos os ovos quebrarem. Portanto, os investidores que buscam a diversificação têm a intenção de reduzir o risco de um portfólio de investimentos, repartindo ao máximo a sua aplicação entre múltiplas alternativas de investimentos que estão à disposição. Na Figura 7.14, está ilustrado como a diversificação consegue alcançar a redução do risco não sistemático.

Figura 7.14 – Diversificação e a redução do risco não sistemático

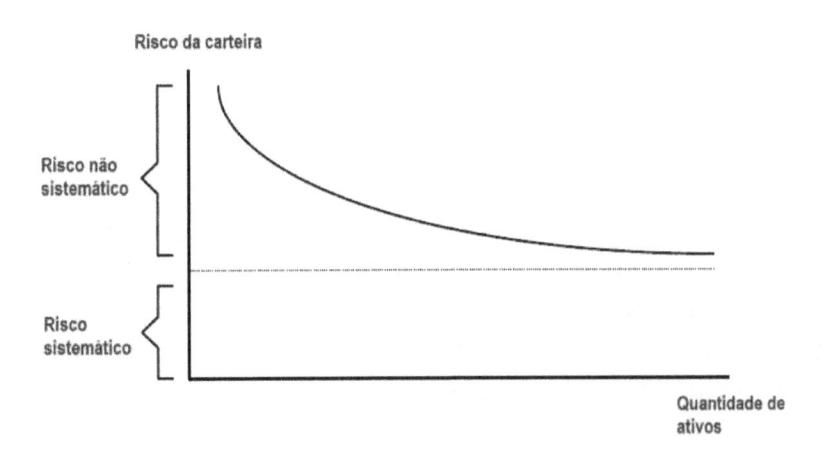

Fonte: Elaborada pelos autores.

Entretanto, a busca pela diversificação máxima pode levar a uma diversificação supérflua, que consequentemente poderá reduzir o retorno da carteira de investimentos. É nesse sentido que Markowitz desenvolve um modelo de diversificação de carteiras que leva à minimização do risco, de modo que a carteira tenha um retorno mínimo esperado pelo investidor. Antes de nos aprofundarmos na teoria de Markowitz, iremos entender melhor sobre os conceitos de risco e retorno de um ativo financeiro.

O retorno esperado é calculado pela seguinte equação:

$$E(r) = \sum_{j=1}^{n} P_j \times r_j \qquad (7.13)$$

Como é possível notar, $E(r)$ é a média ponderada dos retornos r_j. Essa média geralmente é estimada a partir de uma série histórica de retornos do ativo j, ou a partir de probabilidades subjetivas.

Por sua vez, o risco é calculado a partir da variabilidade dos retornos do ativo j, dada por:

$$\sigma^2 = \sum_{j=1}^{n} P_j \left[r_j - E(r) \right]^2 \qquad (7.14)$$

O desvio-padrão é dado por:

$$\sigma = \sqrt{\sigma^2} \qquad (7.15)$$

O retorno e risco dos mais variados ativos financeiros podem ter comportamentos bastante distintos. Para entendermos melhor esse comportamento, vamos analisar o seguinte exemplo: suponha que uma economia pode se encontrar em quatro situações (depressão, recessão, normalidade e crescimento). Os retornos de um ativo A devem acompanhar essas possíveis situações, porém isso não acontecerá com um ativo B, conforme ilustrado na Tabela 7.5.

Tabela 7.5 – Retorno de cada ativo financeiro

Cenário	Retorno do ativo A	Retorno do ativo B
Depressão	-30%	7%
Recessão	10%	18%
Normalidade	35%	-10%
Crescimento	55%	10%

Fonte: Elaborada pelos autores.

O retorno esperado do ativo **A** é de 17,5%, enquanto o de **B** é de 6,3%. Por sua vez, o desvio-padrão de **A** é de 36,6%, e o de **B** é de 11,8%.

Agora, com o conceito de retorno e risco de diferentes ativos esclarecido, podemos partir para o entendimento do modelo de diversificação de Markowitz.

No caso de diversificação de um portfólio, com base no modelo de Markowitz, vamos supor agora que temos dois ativos, A e B. O retorno do portfólio, neste caso, será dado por:

$$E(r_p) = w_A \times E(r_A) + w_B \times E(r_B) \qquad (7.16)$$

em que w é o peso da participação do ativo no portfólio.

Por sua vez, o risco do portfólio, neste caso, é descrito da seguinte maneira:

$$\sigma_p^2 = w_A^2 \times \sigma_A^2 + w_B^2 \times \sigma_B^2 + 2 \times w_A \times w_B \times r_{A,B} \times \sigma_A \times \sigma_B \qquad (7.17)$$

O valor de $r_{A,B}$ representa o coeficiente de correlação entre os retornos dos ativos A e B e pode ser estimado a partir do seguinte cálculo:

$$r_{A,B} = \frac{P_t \times \left[r_{A,t} - E(r_A)\right] \times \left[r_{B,t} - E(r_B)\right]}{\sigma_A \times \sigma_B} \qquad (7.18)$$

em que: P_t é a probabilidade de ocorrência do evento t; $r_{A,t}$ é o retorno do ativo A na ocorrência de t; e $r_{B,t}$ é o retorno do ativo B na ocorrência de t.

Vamos supor que os ativos A e B têm os retornos esperados e desvio-padrão descritos na Tabela 7.6.

Tabela 7.6 – Retornos e riscos dos ativos A e B

Ativos	E(r)	σ
A	10%	15%
B	30%	30%

Fonte: Elaborada pelos autores.

Dessa forma, calcularemos o valor esperado dos retornos (E(r)) e os desvios padrão (σ), considerando as correlações r = 1; r = 0; e, r = -1, para as várias combinações de pesos dos ativos A e B, conforme ilustrado na Figura 7.15.

Figura 7.15 – Retornos esperados e desvio-padrão para as variadas combinações dos ativos A e B

Pesos		E (r)	σ		
WA	WB		r = 1	r = 0	r = -1
0,0	1,0	30%	30,0%	30,0%	30,0%
0,1	0,9	28%	28,5%	27,0%	25,5%
0,2	0,8	26%	27,0%	24,2%	21,0%
0,3	0,7	24%	25,5%	21,5%	16,5%
0,4	0,6	22%	24,0%	19,0%	12,0%
0,5	0,5	20%	22,5%	16,8%	7,5%
0,6	0,4	18%	21,0%	15,0%	3,0%
0,7	0,3	16%	19,5%	13,8%	1,5%
0,8	0,2	14%	18,0%	13,4%	6,0%
0,9	0,1	12%	16,5%	13,8%	10,5%
1	0,0	10%	15,0%	15,0%	15,0%

Fonte: Elaborada pelos autores.

A partir desses resultados ilustrados na Figura 7.15, conseguimos construir o gráfico da Figura 7.16, que relaciona os retornos esperados e o desvio-padrão, para cada diferente grau de correlação entre os ativos A e B e que representa o modelo de Markowitz.

Figura 7.16 – Representação do modelo de Markowitz

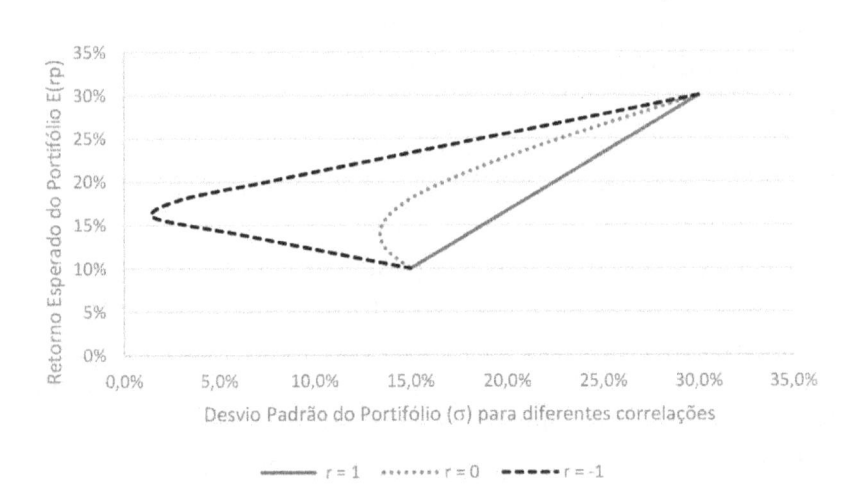

Fonte: Elaborada pelos autores.

O gráfico da Figura 7.16, que representa o modelo de Markowitz, permite compreender a principal conclusão do modelo. Essa conclusão indica que é possível anular o nível de risco por meio da formação de carteiras diversificadas de ações, uma vez que, se duas ações tiverem correlação perfeitamente negativa (r = -1), haverá determinada combinação de ambas em que o risco é nulo.

Portanto, é possível um gestor de carteiras reduzir o risco abaixo do nível sistemático, ao identificar investimentos com os quais as taxas de retorno tenham correlações suficientemente baixas. Assim, a teoria de Markowitz esclarece que a determinação do efeito da correlação entre as variabilidades dos retornos dos ativos influencia na variabilidade do portfólio de investimentos.

Ou seja, a diversificação não deve ser feita aleatoriamente, e, portanto, não adianta colocar os ovos no maior número de cestas possíveis. Deve-se considerar o grau de correlação entre as variabilidades dos ativos ao se construir um portfólio. A teoria também esclarece que os portfólios dominam os ativos individuais, pois, ao se diversificarem os investimentos, alcança-se a redução de riscos e, ao mesmo tempo, a otimização dos retornos.

De acordo com a teoria de Markowitz, os portfólios diversificados dominarão os portfólios construídos por meio de uma diversificação randômica. Ou seja, existe uma fronteira eficiente, em que todos os portfólios possíveis estarão aplicados sobre ela, se for considerado a diversificação para todos os ativos de mercado.

Com o objetivo de se estender sobre a teoria de Markowitz, William Sharpe introduziu os ativos livre de risco na construção de portfólios diversificados. Para entender a ideia de Sharpe, vamos considerar um portfólio formado por um ativo livre de risco (R) e o outro ativo sujeito ao risco (j). Neste caso, respectivamente, teremos a seguinte estimativa de retorno e risco:

$$E(r_p) = w_R \times R + w_j \times E(r_j) \qquad (7.19)$$

$$\sigma_p = w_j \times \sigma_j \qquad (7.20)$$

Como o ativo livre de risco apresenta variabilidade nula, a variabilidade do portfólio está associada apenas ao desvio-padrão e participação do ativo sujeito ao risco. Na Figura 7.17, temos a representação da fronteira eficiente na situação em que temos no portfólio um ativo livre de risco (R).

Figura 7.17 – Fronteira eficiente para o portfólio com ativo livre de risco

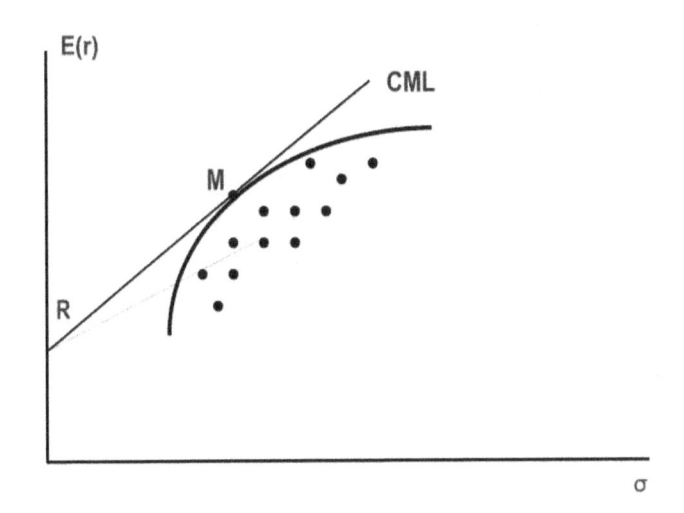

Fonte: Elaborada pelos autores.

Neste caso, observa-se que os portfólios representados pela linha RM são mais eficientes que todas as demais alternativas, visto que essa linha tangencia a fronteira no ponto M. Essa linha é chamada de *Capital Market Line* (CML) e, antes do ponto M, representa portfólios formados com ativos livre de risco e portfólio M diversificado. À direita de M, temos o portfólio alavancado, ou seja, onde $w_R < 0$, esse portfólio pode ser obtido, tomando emprestado à taxa R. Assim, a reta CML passa a ser nova fronteira eficiente do mercado, e sua forma linear indica que os portfólios representados nessa reta estão positiva e perfeitamente correlacionados. O ponto M representa o portfólio de mercado, e, portanto, sua taxa de retorno pode ser avaliada a partir das médias do mercado.

O comportamento de aversão ao risco do investidor, ou seja, a sua disposição em minimizar o risco, caracteriza uma decisão racional que permite a representação por meio de curvas de indiferença. Na Figura 7.18, temos as curvas de indiferença U_1,

U_2 e U_3, que representam diferentes combinações de retorno e risco que oferecem o mesmo nível de utilidade total ao investidor. No caso, U_3 apresenta um nível de utilidade maior do que em U_2 e U_1.

Onde houver tangência entre uma curva de diferença e a CML, teremos a combinação ótima de risco e retorno. Nesse ponto, o portfólio apresenta somente o risco sistemático, pois é um portfólio combinado com o ativo livre de risco. Portanto, trata-se de um portfólio eficiente com a máxima utilidade total para o investidor.

Figura 7.18 – Curvas de indiferença para o portfólio com ativo livre de risco

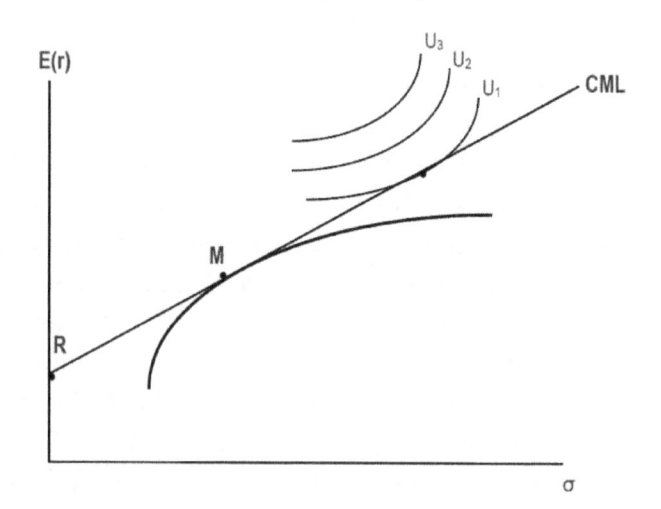

Fonte: Elaborada pelos autores.

7.4 – Exercícios

1) Considere uma empresa que tenha o risco sistemático beta igual a 1,4, a taxa livre de risco (r_f) seja de 6% ao ano e o prê-

mio pelo risco de mercado $(r_m - r_f)$ seja de 7,5% ao ano. Qual é o retorno esperado para investimento no capital próprio dessa empresa?

2) Calcule, com o apoio de planilha eletrônica, o coeficiente beta da empresa IBM.

Data	S&P 500	IBM	% S&P 500	% IBM
01/05/2024	5.180,74	164,69	2,9%	-0,9%
01/04/2024	5.035,69	166,20	-4,2%	-13,0%
01/03/2024	5.254,40	190,96	3,1%	4,1%
01/02/2024	5.096,30	183,36	5,2%	0,7%
01/01/2024	4.845,60	182,00	1,6%	12,3%
01/12/2023	4.769,80	162,07	4,4%	4,3%
01/11/2023	4.567,80	155,37	8,9%	9,6%
01/10/2023	4.193,80	141,73	-2,2%	3,1%
01/09/2023	4.288,10	137,47	-4,9%	-3,3%
01/08/2023	4.507,70	142,23	-1,8%	1,8%
01/07/2023	4.589,00	139,67	3,1%	7,8%
01/06/2023	4.450,40	129,62	6,5%	5,5%
01/05/2023	4.179,80	122,89	0,2%	1,7%
01/04/2023	4.169,50	120,81	1,5%	-3,6%
01/03/2023	4.109,30	125,28	3,5%	2,6%
01/02/2023	3.970,20	122,07	-2,6%	-4,0%
01/01/2023	4.076,60	127,20	6,2%	-4,4%
01/12/2022	3.839,50	133,01	-5,9%	-4,3%
01/11/2022	4.080,10	138,92	5,4%	7,7%

Data	S&P 500	IBM	% S&P 500	% IBM
01/10/2022	3.872,00	129,02	8,0%	16,4%
01/09/2022	3.585,60	110,84	-9,3%	-6,3%
01/08/2022	3.955,00	118,35	-4,2%	-1,8%
01/07/2022	4.130,30	120,50	9,1%	-7,4%
01/06/2022	3.785,40	130,08	-8,4%	2,9%
01/05/2022	4.132,10	126,39		

3) Suponha uma ação com coeficiente beta igual a 0,85. Um analista de mercado especializado avalia que o retorno esperado dessa ação seja de 11% ao ano. Suponha que a taxa livre de risco seja de 6% ao ano e que prêmio pelo risco de mercado seja de 8% ao ano. Podemos dizer que o analista está sendo pessimista, realista ou otimista em relação aos retornos dessa ação?

4) Estime o custo de capital de terceiros de uma empresa brasileira que, pelo seu rating de risco, tem um prêmio de risco das dívidas de 2,8% ao ano. Considere que o Risco-Brasil está em 230 pontos (2,3%) e a taxa livre de risco nos EUA é de 5,7% ao ano nominal, ou seja, inclui uma inflação estimada de 2,4% nos EUA. Calcule também a taxa de juros nominal (com inflação) e a taxa de juros real (descontada a inflação).

5) Qual é o custo médio ponderado de capital de uma empresa que tem um custo de capital de terceiros de 4,5% ao ano e um custo de capital próprio de 9,7% ao ano? Disponha que essa empresa tem 35% de dívidas e que a alíquota de imposto de renda é de 34%.

6) Se, no mercado americano, a taxa livre de retorno corrente é de 5,8% ao ano, e o prêmio histórico de retorno do mercado em relação ao ativo livre de risco é de 9,2% ao ano, qual seria

o retorno esperado de uma empresa do setor de agricultura no Brasil que tem um endividamento de 38%? Considere a alíquota efetiva de Imposto de Renda de 18%.

7) Calcule o beta desalavancado de uma empresa que tem o beta do capital próprio de 1,5 e apresenta uma proporção de 80% de capital próprio. Considere a alíquota de imposto de renda de 34%.

8) Sabemos que a taxa livre de risco (r_f) é igual a 7% ao ano e que o prêmio pelo risco de mercado $(r_m - r_f)$ é de 6% ao ano. Sabe-se que a estrutura de capital tem 50% de capital próprio. O custo do capital de terceiros é 10% ao ano, e a alíquota de imposto de renda é de 34%. Se o coeficiente beta é de 0,77, qual é o WACC?

9) Calcule:

a) Os coeficientes de correlação dos retornos das três ações em determinado período:

Ano	Ação A	Ação B	Ação C
1	11%	5%	-4%
2	-4%	11%	13%
3	-8%	13%	21%
4	12%	7%	26%
5	21%	12%	28%
6	-27%	8%	-31%
7	14%	8%	17%

b) Os desvios-padrão das ações.

c) O retorno esperado de um portfólio feito com 20% de A, 40% de B e 40% de C. Considere os retornos anuais dos sete anos.

d) O desvio-padrão de um portfólio feito com 20% de A, 40% de B e 40% de C.

e) O retorno esperado para um portfólio que tem 50% investido de A e 50% em B.

f) O desvio-padrão do portfólio que tem 50% investido de A e 50% em B.

g) A covariância dos retornos das ações A e B na amostra de 7 anos.

10) Calcule o coeficiente beta para empresa abaixo, considerando os dados dos últimos doze meses abaixo:

Mês	Retorno mercado de ações	Retorno das ações da empresa A
1	6,3%	9,4%
2	18,9%	11,4%
3	6,1%	-0,8%
4	-2,9%	0,7%
5	-5,5%	-3,5%
6	-6,7%	-3,7%
7	17,1%	9,5%
8	-0,5%	1,8%
9	4,9%	8,7%
10	-1,6%	6,6%
11	1,6%	-5,5%
12	24,2%	16,2%

Referências

AQUILA, Giancarlo. **Minimanual de Matemática Financeira: Enem, Vestibulares e Concursos**. 1. ed. São Paulo: Rideel, 2017.

BARBIERI, José Carlos; ÁLVARES, Antonio Carlos Teixeira; MACHLINE, Claude. Taxa Interna de Retorno: controvérsias e interpretações. **Revista Gestão da Produção, Operações e Sistemas**, n. 4, p. 131-131, 2007.

BLANK, Leland; TARQUIN, Anthony. **Engenharia Econômica**. 6. ed. Porto Alegre: AMGH, 2008.

BREALEY, Richard A.; MYERS, Stewart C. Franklin, A. **Princípios de Finanças Corporativas**. 10. ed. Porto Alegre: AMGH, 2018.

CASAROTTO FILHO, Nelson; KOPITTKE, Bruno Hartmut. **Análise de investimentos**. 11. ed. São Paulo: Atlas, 2019.

DAMODARAN, Aswath. **Avaliação de Investimentos**. São Paulo: Qualitymark, 2010.

DAMODARAN, Aswath. **Historical Returns on Stocks, Bonds and Bills: 1928-2023**. Disponível em: https://pages.stern.nyu.edu/~adamodar/New_Home_Page/datafile/histretSP.html. Acesso em: 02 maio 2024a.

DAMODARAN, Aswath. **Betas by Sector**. Disponível em: https://pages.stern.nyu.edu/~adamodar/New_Home_Page/datafile/Betas.html. Acesso em: 03 maio 2024b.

HIRSCHFELD, Henrique. **Engenharia Econômica e Análise de Custos**. 7. ed. São Paulo: Atlas, 2018.

PAMPLONA, Edson O.; MONTEVECHI, José Arnaldo B. **Engenharia Econômica**. Versão da Apostila para a graduação, 2021.

PUCCINI, Abelardo L. **Matemática Financeira: objetiva e aplicada**. 7. ed. São Paulo: 2004.

ROSS, Stephen; WESTERFIELD, Randolph; JAFFE, Jeffrey. **Administração Financeira**. 10. ed. São Paulo: AMGH, 2014.

YAHOO FINANCE. **Microsoft Corporation (MSFT)**. 2024. Disponível em: https://finance.yahoo.com/quote/MSFT. Acesso em: 06 maio 2024a.

YAHOO FINANCE. **Tesla Inc. (TSLA)**. 2024. Disponível em: https://finance.yahoo.com/quote/TSLA. Acesso em: 06 maio 2024b.

YAHOO FINANCE. **Hewlett Packard Enterprise Company (HPE)**. 2024. Disponível em: https://finance.yahoo.com/quote/HPE. Acesso em: 06 maio 2024c.